Ulrike Banis **Sucht – die unerfüllte Suche
nach einem erfüllten Leben**

—

Ulrike Banis

Sucht – die unerfüllte Suche nach einem erfüllten Leben

Ursachen und Auswege

R. G. Fischer Verlag

Bibliografische Information der Deutschen Nationalbibliothek
Die Deutsche Nationalbibliothek verzeichnet diese Publikation in
der Deutschen Nationalbibliografie; detaillierte bibliografische
Daten sind im Internet über http://dnb.d-nb.de abrufbar.

© 2009 by R.G.Fischer Verlag
Orber Str. 30, D-60386 Frankfurt/Main
Alle Rechte vorbehalten
Schriftart: New Century 11°
Herstellung: SatzAtelier Cavlar / NL
Printed in Germany
ISBN 978-3-8301-1231-0

Für meine Mutter
in Liebe und Dankbarkeit

Inhaltsverzeichnis

Was ist Sucht?

Wenn man über Sucht spricht, dann denken viele Menschen zunächst einmal an ausgemergelte »Junkies«, die sich in dunklen Ecken, an Bahnhöfen oder anderen unwirtlichen Orten einen »Schuss« setzen. Doch das Phänomen Sucht ist weit mehr und betrifft viel mehr Menschen in unserer Gesellschaft, als man auf den ersten Blick meinen könnte.

Offensichtlich gab es bei den Menschen schon immer ein Bedürfnis, sich über die Grenzen der sichtbaren Welt hinaus zu begeben und »jenseitige« Erfahrungen zu machen. Ob man diese Grenzüberschreitungen nun Sucht nennt oder spirituelle Suche, kommt offenbar mehr auf den Beobachter an als auf denjenigen, der sich dieser Erfahrung unterzieht.

Ich habe einmal eine Liste von materiellen und virtuellen Dingen angefertigt, die Sucht erzeugen können und bin dabei auf Folgendes gekommen (ohne jeden Anspruch auf Vollständigkeit):

Tablettensucht
Nikotinsucht
Alkoholsucht
Drogensucht
Kaufsucht
Spielsucht
Sexsucht
Fress-Sucht
Fernsehsucht
Arbeitssucht
Internetsucht

Was ist allen diesen Suchtformen gemeinsam?
Was unterscheidet sie?
Warum gibt es Menschen, die zugleich von mehreren dieser Dinge abhängig sind?
Gibt es Menschen, die gar nicht süchtig sind, und warum?
Was löst Sucht aus und wie kann man sich von diesen Abhängigkeiten wieder befreien?
Wer oder was steuert den Süchtigen?
Wer profitiert von der Sucht?
Welche Reaktionen erweckt ein Süchtiger in seinen Mitmenschen?
Wie könnte eine gute Suchtvorbeugung aussehen?
Ist ein suchtfreies Leben überhaupt wünschenswert?
Welche Voraussetzungen braucht eine Sucht?

Bevor ich mich an die Beantwortung all dieser spannenden Fragen mache, möchte ich zum einen meine persönliche Motivation zu diesem Buch betrachten als auch die vielen Menschen mit unterschiedlichen Süchten, die mir in meinem Leben schon begegnet sind.
In meinem Beruf als Ärztin mag es sein, dass ich mehr Süchtigen begegne als ein Durchschnittsmensch. Es mag auch sein, dass ich aufgrund meiner Charakterstruktur eventuell genauer hinschaue, wenn es um das Thema Sucht geht, als andere. Ich meine aber, dass das Phänomen Sucht so flächendeckend verbreitet ist, dass fast jeder Mensch irgendwen kennt, der an einer Sucht leidet. Nur, wie geht man damit um? Hilft es, den Süchtigen mit guten Ratschlägen und Vorschlägen einzudecken? Sollte man lieber wegschauen, Klappe halten oder verleugnen? Darf man in das Leben eines anderen Menschen korrigierend eingreifen? Ist Sucht vielleicht sogar das Normale? Und jeder, der nicht süchtelt, ein Spinner?

Warum befasse ich mich mit dem Thema Sucht?

Schon über viele Jahre, genau gesagt seit meinem 16. Lebensjahr, beschäftigt mich mein Körpergewicht. Fast genauso lange kämpfe ich damit – und das heisst ja auch: Ich kämpfe mit mir, gegen mich, gegen die Teile in mir, die abfahren auf Schokolade, auf fette Saucen und leckere Nudelgerichte, auf Kuchen, Pralinen und cremigen Käse, auf frisches Brot mit Butter und Salz – kurz, auf all das, was dick macht, ungesund ist und doch so lecker schmeckt.

Vielleicht sollte ich noch vorausschicken, dass ich als Säugling einen massiven Hautausschlag bekam, nachdem meine liebe Mutter mich abgestillt hatte. Jede Ersatznahrung auf Kuhmilchbasis habe ich nicht vertragen. Den Aussagen meiner Mutter zufolge habe ich nur überlebt, weil sie mich mit »Buttermilchpulver« anstelle der Kuhmilch ernährt hat.
Dies habe ich offenbar vertragen. Heute weiss ich, dass man dieses Phänomen »Laktoseintoleranz« nennt (Unverträglichkeit von Milchzucker; – etwas, was in unseren Breiten fast 15% aller Menschen haben; viele ahnen nur nichts davon oder führen ihre Beschwerden auf andere Ursachen zurück).

Eine spannungsgeladene Auseinandersetzung mit dem Thema Essen war also offenbar bereits in mir angelegt, als ich auf die Welt kam.
Während meiner Babyzeit ereignete sich ein weiteres dramatisches Ereignis: Im Alter von zwei Jahren bekam meine grosse Schwester Keuchhusten. Man verordnete

11

ihr gegen den Husten und das damit einhergehende Erbrechen Hustentropfen, vermutlich auf Kodeinbasis. Die haben aber meine grosse Schwester das Leben gekostet: Sie hat das ganze Fläschchen auf einen Zug ausgetrunken, bekam einen Atemstillstand und starb. Ich, damals gerade zehn Monate alt, hatte mich offenbar bei ihr angesteckt und hielt nach ihrem Tod durch nächtliche Erstickungsanfälle meine ohnehin schon traumatisierten Eltern auf Trab. Weil ich jünger war, konnte ich noch nicht so gut aus eigener Kraft abhusten. Daher waren meine Eltern in grosser Sorge, ich könne auch noch wegsterben. Ich habe jedoch überlebt und wurde Monate später dank des Schneckensaftes, den mir mein Grossvater einflösste, auch wieder gesund.

Nur sie, die »Grosse«, fehlte mir ab dem Moment – und selbst die Geburt einer weiteren Schwester konnte diesen Verlust nicht wettmachen. Es wird berichtet, dass ich die Ankunft der Schwester mit den Worten quittierte: »Anderes Kindele…«Offenbar war meine neue Schwester kein passender Ersatz für die verlorene Schwester, an die ich keine bewusste Erinnerung haben konnte, mit noch nicht einmal zwei Jahren!

Aber schon sind wir mittendrin in der Debatte um Sucht und Suche.Was hat mir gefehlt, was habe ich denn eigentlich gesucht?

Es wurde ein mutiges Kind aus mir. Kein Baum war mir zu hoch, um draufzuklettern, keine Turnstange konnte ich unbeturnt lassen, sogar wagemutige Experimente wie das»Purzelbaum-ohne-Hände-Machen« habe ich ausprobiert: Eine Narbe an meinem Kinn zeugt noch heute davon.
Zugleich war ich aber auch ein kränkliches Kind:

Ständig litt ich an Mittelohrentzündungen oder Angina, oft hatte ich Bauchweh oder Durchfall. Erst die Entfernung der Mandeln mit fünf Jahren und des Blinddarms mit sieben Jahren sorgte dafür, dass ich besser gedieh und später körperlich recht robust war (und gottlob bis heute geblieben bin).

Dafür verlagerte sich mein »Schwachpunkt« nun ins Seelische. Ein Zyniker könnte behaupten, man habe mir alles entfernt und rausgeschnitten, was man klaglos entfernen kann, das Loch in der Seele sei dabei aber nicht geheilt. Nun, das führte dazu, dass ich mich in meiner Schulzeit immer als Aussenseiter gefühlt habe. (Meine schulischen Leistungen waren immer gut, ohne dass ich mich dafür hätte anstrengen müssen. Das hat sicherlich Neid hervorgerufen – und weil ich auch noch gerne zur Schule ging, passte ich nicht zum Zeitgeist der 68er, die Verweigerung schicker fanden als Leistung.) Es führte aber auch dazu, dass ich mich mit noch nicht einmal 17 Jahren am liebsten umbringen wollte. Ein eigentlich völlig grundloser Weltschmerz hatte mich gepackt, sozusagen chronischer Liebeskummer, aber eben chronisch und therapeutisch von mir damals noch nicht in den Griff zu bekommen. Meiner Schwester bin ich heute noch dankbar, dass sie mich damals mit den Worten:»Ja bist du denn komplett bekloppt« vom Medizinschränkchen wegriss und damit den halb-geplanten Suizidversuch erfolgreich vereitelte.

Später dann wollte ich nicht mehr mich selbst umbringen, dafür aber immer mal wieder die Männer, mit denen ich Abschnitte meines Lebens verbrachte. Dass ich es nicht wirklich getan habe, sondern es beim Gedanken daran blieb (lustvolle Gedanken zum Teil, das gebe ich zu), verdanke ich nur der messerscharfen Überlegung, dass ich im Zweifelsfalle ja gefasst würde und dann für den Rest meines Lebens im Gefängnis einsitzen müsste – nur dafür, dass ich einen Kerl für etwas bestraft habe, was er durchaus verdient hat (in meinen Augen). Nein, ich habe mich gottlob dafür entschieden, sie leben zu lassen, in der Hoffnung auf das göttliche Gericht. Mein ist die Rache, spricht der Herr, war für Jahre einer meiner Lieblingssätze – und in der Tat, es war mir vergönnt, einige dieser Männer beim Niedergang zu beobachten. Einer endete als Penner, der andere fristet sein Leben im Schatten einer chronisch kranken Frau, ein weiterer hat sich mit Suchtmitteln selbst zugrunde gerichtet, während ich mit Hilfe diverser Methoden, auf die ich später noch ausführlich eingehen werde, meinen Weg aus der Sucht geschafft habe.

Für mein »Erwachen« waren jedoch zwei Phasen übelster Depression nötig. Damals war mir mein Leben erneut so gleichgültig geworden, dass ich es noch nicht einmal der Mühe wert fand, mich morgens zu waschen oder anzuziehen – ich hatte einfach keine Kraft mehr, den Tag zu bewältigen. In dieser Phase meines Lebens wurde ich ein Fan von Antidepressiva. Ich weiss nicht, ob ich es ohne diese seelischen Krücken gepackt hätte, die anderen Therapien überhaupt anzugehen.

Was gab es sonst an Ausflügen in die Suchtwelt? Schon als Kind konnte ich von Süssigkeiten nicht genug bekommen—damals noch ohne schädliche Folgen (sieht man einmal von den Kariesschäden an meinem Gebiss ab. Abendliches Zähneputzen war damals auch noch nicht so populär wie heute).
In der späten Pubertät wandte ich mich dann kurzfristig dem Alkohol zu (niemals werde ich den Kater vergessen, den ich nach der ersten »Liebeskummer-Pfirsichbowle«

hatte. Diese Erfahrung hat mich dauerhaft kuriert und mir klargemacht, dass Kummer und Sorgen gute Schwimmer sind, die ich sicherlich nicht im Alkohol ertränken kann).

Dass Alkohol als Konfliktlösung nicht taugt, hat mich aber nicht davon abgehalten, es danach immer einmal wieder zu versuchen – allem Wissen zum Trotz und gegen jede Vernunft! Mein Ausflug in die Welt der Drogen ist über Marihuana nie hinausgegangen. Diese Droge war nichts für meinen niedrigen Blutdruck. Es hat mich zwar Musik noch intensiver hören lassen als sonst, aber ich wurde so müde von der Droge, dass Tanzen (sonst eine meiner grossen Leidenschaften) nicht mehr möglich war. So habe ich lieber die Droge als das Tanzen sein lassen – sicherlich einer meiner weiseren Entschlüsse.

Die härteren Drogen, egal ob LSD, Heroin oder Kokain, habe ich nie genommen. Ich hatte immer viel zuviel Angst davor, die Effekte der Drogen nicht mehr kontrollieren zu können. Es war nicht die Angst vor der Abhängigkeit, sondern mehr die Furcht vor den unbekannten, vielleicht sogar bedrohlichen Welten, in die sich mein Bewusstsein aufmachen könnte, die mich davon abgehalten hat.

Dafür habe ich exzessiv geraucht. Ja, ein Nikotinknecht war ich viele Jahre lang, fast mein gesamtes Medizinstudium über und auch danach noch lange, immer einmal wieder phasenweise. (Es ist sicherlich zutiefst unlogisch, einerseits Medizin zu studieren und andererseits zu rauchen. Jeder einigermassen vernunftbegabte Mensch weiss, dass Rauchen schadet. Wer Medizin studiert, kann dafür auch noch die Fachbegriffe nennen und kennt die Hintergründe der Pathologie. Nur hilft das nicht, sich

aus der Sucht zu befreien, sonst gäbe es keine rauchenden Ärzte!)
Zum Rauchen kam ich in einer Phase von Liebeskummer. Seltsam, wie sich dieses Motiv immer wieder durch mein Leben zieht – der tiefere Grund dafür wurde mir erst spät klar. Ich blieb dabei, bis ich mit knapp vierzig nicht mehr von irgend etwas abhängig sein wollte, dann hörte ich von einem Tag auf den anderen auf damit.

Der Ausstieg aus dem Rauchen gelang mir auch schon davor einmal mühelos: Es war, als ich erfuhr, dass ich schwanger bin! Es war mir auch schon vorher klar, dass ich schwanger bin (ich hatte diese Ahnung schon im Moment, als es passierte), aber es bedurfte des Anrufes vom Frauenarzt, um mich spontan dazu zu motivieren, nicht mehr zu rauchen. Ich wollte meinem ungeborenen Kind keine Gifte zumuten, denn der Knirps hätte dem Rauch nicht entgehen können. Es war erstaunlich, wie mühelos ich es schaffte, von Stund an nicht mehr zu rauchen – es ging einfach wie von selbst. Offenbar musste es in mir eine Instanz geben, die vernünftig, weise und gesund genug war, um wenigstens mein Kind vor mir und meiner Suchttendenz zu schützen.

Das Wissen um diesen inneren Heiler hat mich aber nicht davon abgehalten, ein paar Jahre nach der Geburt wieder mit dem Rauchen anzufangen, damals in einer Phase hoher Arbeitsbelastung!

Damit habe ich nun schon zwei Suchtauslöser in mir identifiziert: Kummer und Stress!

In meinem Leben habe ich aber auch noch Ausflüge in die Welt der Tablettensucht unternommen. Ich war als Teenager davon besessen, schlank zu sein. Eine tägliche

Ration Abführmittel schien mir dafür ein geeigneter Weg. Das »Tirgon®« hat mir zwar keine Twiggy-Figur eingebracht, aber dafür gründlich meine Darmflora ruiniert – ein jahrelanger Reizdarm war die Folge. Der wiederum heilte erst aus, als ich mich tiefer in die Welt der Energiemedizin begab – davon später mehr.

Spielsüchtig war ich nie. Schon als Kind wollte ich mein Taschengeld nicht verspielen, und später musste ich viel zu hart arbeiten, als dass ich mein Geld für »Games« hergegeben hätte. Vielleicht hat mir auch zu dieser Erkenntnis verholfen, dass mein Vater ein Spieler war, der es aufregender fand, Nächte beim Skat oder Poker zu verzocken, anstelle sich um seine Partnerin, meine Mutter, zu kümmern. Ich bin ihm dafür dankbar, dass er mir und meinen Schwestern beigebracht hat, wie man Skat spielt, aber sehr zu seinem Leidwesen haben wir alle drei (!) uns strikt geweigert, auch nur um Pfennige zu spielen. Wollte er also mit uns zocken, ging es nur um die Punkte und die Ehre, aber NIE um echtes Geld. Vor vielen Jahren nahm ein Freund mich einmal mit an einen Roulettetisch und gab mir 100 DM zum Verspielen. Ich habe das Geld verspielt, was sonst? Und empfand den Kitzel des Spielers in Anflügen – vielleicht dadurch erleichtert, dass es nicht mein eigenes Geld war? (Vielleicht geht es den Politikern auch so, dass sie unser Geld mit leichterer Hand vergeuden als wenn es ihr eigenes wäre?)

Ja, und auch Sex gegen Bezahlung gab es bei mir nie (aber kann ich mir da so sicher sein? Ist nicht der Preis, den ich im Leben oft bezahlt habe in meinen Erfahrungen mit Männern etwas, was durchaus Suchtcharakter haben könnte?) Ich habe aber in Phasen meines Lebens die

Männer öfter gewechselt als die Hemden – wie man so
schön sagt. Ich wollte (oder konnte) mich nicht binden –
anderseits wollte ich aber auch nicht auf Intimität verzichten – und so kam es, dass mich nichts und niemand
lange befriedigt hat und ich an jedem etwas auszusetzen
hatte (oder sie an mir!) In den guten Phasen habe ich mir
gesagt, dass es prima ist, dass ich so unabhängig bin. In
den schlechten Phasen bin ich im Selbstmitleid versun-
ken (alle haben einen Ehemann, warum ich nicht? Was
ist falsch an mir, warum liebt mich keiner, warum bin ich
es keinem wert, dass ich mehr bin als ein oberflächliches
Verhältnis?).

Wofür steht der Sex in unserer Gesellschaft? Er wird gehandelt als Ausdruck von Liebe, Zuneigung und Intimität
zwischen zwei Menschen. Danach könnte man schon süchtig werden. Und wenn es den Vermarktern nun auch noch
geschickt gelingt, Sex wirklich als Liebe zu verkaufen,
dann öffnet sich der Gewinnmaximierung ein weites Feld.
Tag für Tag wird auch mein Computer überschwemmt
von jeder Menge Junkmails. 90% davon beziehen sich
auf Sex: Viagra wird angepriesen – als DER Weg zum
perfekten Glück im Bett. Und wenn es nicht die kleine
blaue Pille ist, dann doch wenigstens den grossen Reibach
machen durch eine Webcam im eigenen Schlafzimmer
und die dortigen Turnübungen meistbietend im Internet
verhökern.
Auch Beate-Uhse-Läden und Dr. Müllers Fetischshop
leben weltweit gut von derlei Illusionen. Hat der Konsu-
ment dann seine flauschig rosaroten Handschellen zu
Hause oder hat sich gar in das Lack- und Lederoutfit
gequetscht, will sich in vielen Fällen die erwünschte
Ekstase aber doch nicht einstellen. Viel öfter herrscht
Peinlichkeit und Beklommenheit vor, Cold Turkey statt
erotischer Höhenflüge.

Ich befasse mich mit Sucht, weil ich erkannt habe, dass ich ein Süchtling bin, dass ich zumindest eine Anlage zur Sucht in mir trage, was mich mit ganz vielen Menschen verbindet.

Ich befasse mich aber auch mit Sucht, weil ich in einem Umfeld gross geworden bin, das von Sucht geprägt war. Ich befasse mich mit Sucht, weil ich mit Männern liiert war, die Süchtige waren (nein, keine Junkies, gesellschaftlich anerkannte Mitglieder der Gemeinschaft, ehrenwerte Menschen, aber halt Abhängige – abhängig von der Anerkennung durch Arbeit, abhängig von mir und meiner Zuwendung, abhängig vom Alkohol in gesellschaftlich sanktionierten Massen, abhängig von allen möglichen Faktoren, nur halt nicht frei in sich).

Last not least befasse ich mich mit Sucht, weil ich täglich in der Praxis erlebe, wie Sucht mit Menschen umgeht, welche Leiden dadurch hervorgerufen und unterhalten werden.

Und weil ich am eigenen Leibe erlebt habe, dass es möglich ist, Sucht zu überwinden, mit den eigenen Abhängigkeitspotentialen vernünftiger umgehen zu lernen und zu erkennen, welche Suche hinter der Sucht verborgen ist.

Den spannenden Weg dorthin – was ich getan und gelassen habe und welche Erkenntnisse mich begleitet haben, all das möchte ich mit Ihnen teilen, damit es in Zukunft ein paar Menschen mehr geben möge, die zu ihrem wahren Wesenskern vorstossen und diesen segensreich in die Welt tragen können.

Fakten über Süchte

Wenn man beschliesst, ein Buch über Sucht zu schreiben, so wie ich, gehört dazu auch die Recherche darüber, was über dieses Thema schon geschrieben wurde. Was weiss man? Was wurde schon erforscht? Wie ist der Stand der Wissenschaft?

Bei meiner Recherche wurde ich von der Menge an Information fast erschlagen. Allein bei Amazon gibt es unzählige Bücher zum Thema Sucht. In den medizinischen Fachzeitschriften stolpere ich ständig über Suchtthemen, auch in der Tagespresse ist das Thema allgegenwärtig. Ich möchte daher nur die Schlagzeilen herausgreifen, die mir als die wichtigsten erschienen. Jeder Autor ist ein Mensch und daher notgedrungen subjektiv in seinem Urteil.

Studie aus Japan: 60% der Schüler, die zu Hause unglücklich sind (weil man nicht mit ihnen redet), verschicken 20 oder mehr E-Mails pro Tag. Bei den zufriedenen sind es nur 35%.
Weltweit gibt es zwei Milliarden Handynutzer. In Österreich gibt es mehr Handys als Einwohner.

Rauchverbot in öffentlichen Räumen (Italien und Irland) senkte die Rate der Herzinfarkte innerhalb eines Jahres um 11,2% bei den 35–64jährigen; um 7,9% bei den 65–74jährigen. Seit Einführung des Rauchverbots wurden in Italien 5,5% weniger Zigaretten verkauft.

In Österreich rauchen 32% der Frauen und 40% der Männer. 73% der Raucher wollen aufhören, es braucht aber 5 bis 7 erfolglose Versuche, bis die Entwöhnung erfolgreich ist. NACH 1 Jahr sind nur noch 3–5% rauchfrei!

300.000 Menschen in Österreich sind alkoholabhängig, 870.000 betreiben Alkoholmissbrauch. 10% der Gesamtbevölkerung ist von dieser Sucht betroffen. 2,3 Millionen Österreicher sind Raucher. 14.000 sterben jährlich an den Folgen der Nikotinsucht. 20.000–30.000 Österreicher sind drogenabhängig. 100.000–130.000 sind medikamentenabhängig.

Ess-Störungen sind ein komplexes Thema: Bei 40% liegt sexueller Missbrauch vor, weitere 40% kommen aus gestörten Familien. Das Gefühl zu bekommen, geliebt und akzeptiert zu werden, ist das wichtigste. Das steigert das zerstörte Selbstwertgefühl.

Über 50% aller internistischen Erkrankungen sind eine Folge von Suchtverhalten – (Rauchen-Krebs; Rauchenkoronare Herzerkrankung; Rauchen–Atemwegserkrankungen; Alkohol-Krebs; Alkohol-Leberzirrhose; Alkohol-Pankreatitis; Alkohol-Herz;)
80% der spritzenden Drogenabhängigen leiden auch an Hepatitis C. 75% bereits nach 6 Monaten Drogenmissbrauch.

15% bis 25% der Suchtpatienten und Alkoholiker erfüllen die Kriterien einer ADHD (Aufmerksamkeitsdefizit mit Hypermotorik).

33% der 15jährigen Mädchen und 50% der 15jährigen Jungs haben schon mehrere Rauscherfahrungen mit Alkohol.
2002 mussten 150 Jugendliche wegen Komatrinkens stationär eingeliefert werden.
Suchtprävention gelingt bei den 3 bis 6jährigen und ist sehr abhängig von der Vorbildwirkung Erwachsener.

30% der 15jährigen Jungs rauchen.
36% der 15jährigen Mädchen rauchen.

In Europa sind 23 Millionen Menschen alkoholabhängig, 200.000 sterben jährlich an den Folgen dieser Sucht.

Das körpereigene Opiatsystem im mesolimbischen System reagiert auf Stressoren mit Frustration. Drogen greifen dort ein und schaffen künstliches Wohlbefinden. Die Menge an Opiatrezeptoren ist von Mensch zu Mensch unterschiedlich, also auch die individuelle Suchtgefährdung!
Mäuse OHNE »Delta-Opoidrezeptoren« zeigen stärkere Angstreaktionen und depressionsähnliches Verhalten!

In Ein-Eltern-Familien treten bei den Kindern doppelt so häufig Alkohol- oder Drogenprobleme auf wie in normalen Familien. Alleinerzieher sind offenbar öfter krank, ängstlich oder depressiv (damit schlechte Vorbilder, Anm. d. Verfassers).

20% aller Menschen leiden an chronischen Schmerzen.
Jedes Jahr begehen 3000 Patienten, die an chronischen Schmerzen leiden, Selbstmord.
Die Kosten für Diagnostik und Therapie betragen jährlich 5 Milliarden Euro.
Jährlich werden 194 Millionen Packungen Schmerz-

mittel verkauft. Apothekenumsatz: eine halbe Milliarde Euro!

65% der Bevölkerung erleiden im Laufe ihres Lebens ein Trauma, aber »nur« 25% davon entwickeln eine »posttraumatische Belastungsstörung«. Gehirn und Seele sind offenbar auf Selbstheilung ausgerichtet.

33% aller niedergelassenen Ärzte leiden unter Burn-out; die Sucht- und Suizidraten sind unter Ärzten etwas höher als im Bevölkerungsdurchschnitt. 7% bis 8% aller Ärzte waren in ihrem Leben mindestens einmal suchtkrank, damit doppelt so häufig wie der Durchschnitt der Bevölkerung!

Unfall oder Sucht sind die häufigste Todesursache Jugendlicher.

Suchtkranke Familienmitglieder belasten die Familien maximal (stärker als ein pflegebedürftiges Familienmitglied!)

Es gibt circa 15 Drogentote pro Jahr, aber 115 Alkoholtote und 500 Nikotintote!

Die Arabischen Emirate, in denen es aus religiösen Gründen keinen Alkohol zu kaufen gibt und die Frauen verschleiert gehen müssen, haben weltweit die höchste Suchtquote!

Medikamentensucht

doctor, please, some more of these
outside the door she took four more
what a drag it is getting old.
(Mother's little helper, Rolling Stones)

Doktor, bitte, noch mehr von diesen
vor der Tür nahm sie gleich vier davon
wie mühsam ist es doch, alt zu werden.

Was in diesem Lied von den Stones anklingt, ist in vielen Familien traurige Realität:
Die Mutter ist tablettenabhängig.
Die häufigsten als Suchtmittel missbrauchten Tablettensubstanzen sind Schmerzmittel, Beruhigungsmittel und Schlafmittel.
Zu makabrer Berühmtheit hat es vor rund vierzig Jahren das Schlafmittel »Contergan« gebracht, dessen Auswirkungen auf den Organismus des Ungeborenen leider damals unbekannt waren und eine Welle von Geburten missgebildeter Kinder zur Folge hatte. Zugleich wurde dadurch aber auch klar, wie weit verbreitet der Medikamentengebrauch selbst bei Schwangeren war.

Was die Schwangeren betrifft, so hat die Schulmedizin aus dieser Tragödie wenigstens etwas gelernt: Heutzutage darf einer Schwangeren – zumindest in den ersten zwölf Wochen einer Schwangerschaft – solange nämlich, wie die kindlichen Organsysteme sich entwickeln – nur unter allerstrengster Indikation ein Medikament verordnet werden. Was die Schwangeren jedoch auf eigene

Faust einnehmen und welche Substanzen sie sich zuführen, kann natürlich weder reglementiert noch überwacht werden.

Schmerzmittel

Wie kann es geschehen, dass Frauen in den Medikamentenmissbrauch kommen? Oft beginnt es ganz harmlos. Frau hat Migräne, Zahnschmerzen, einen Ischias oder einfach eine beginnende Grippe und will oder soll gleichwohl funktionieren in ihrer Rolle als Mutter, Hausfrau oder Berufstätige. Also nimmt sie ein »Aspirin« (»Medizin deines Lebens« tönt es in der Werbung! – als wüssten die Werbestrategen ganz genau, dass es oft genau das bedauerlicherweise ist) und kann weiter arbeiten. Und was einmal funktioniert, wird im Bedarfsfalle öfter gemacht. Das Symptom, mit dem der Körper auf seine wahre Befindlichkeit hinweisen will, wird »weggemacht«, damit unser Alltag wie geschmiert läuft.

Viele Schmerzmittel nehmen aber nicht nur den Schmerz, sondern senken auch Fieber, beleben uns über aktivierende, kreislaufanregende Bestandteile – und das kann bei manchen Frauen dazu führen, dass sie diesen schmerzfreien und fast schon überwachen Zustand öfter haben möchten – selbst dann, wenn akut keine Schmerzen vorhanden sind.

Ein weiterer Puzzlestein, der in die Sucht führen kann, ist der Umstand, dass Schmerzmittel, wenn man sie zu häufig nimmt, einen regelrechten »Schmerzmittelschmerz« erzeugen können und den versucht frau dann über mehr Schmerzmittel zu bekämpfen, unwissend, dass es dadurch nur noch schlimmer wird. So kommt ein Teufelskreis in Gang, der auch dadurch unterstützt wird, dass viele Frauen lieber auf eigene Gefahr zum Medikament greifen, anstelle sich von einer Fachperson beraten zu lassen (Zeit ist Geld, und wer einen Beruf, Kinder und einen Haushalt zu managen hat, kann es sich nicht erlauben, seine Zeit in Ärztewartezimmern abzusitzen). Die Frauen schliddern in die Sucht, ohne sich darüber im klaren zu sein, aber die Schmerzmittel werden ihnen zum Bedürfnis.

Beim Weg in die Sucht werden sie dummerweise auch noch vom körpereigenen »Schmerzgedächtnis« unterstützt. Dieses hat seinen Sitz im Gehirn und speichert jeden, aber auch wirklich jeden Schmerz, der uns im Laufe unseres Lebens zugefügt wurde, egal, ob es ein körperlicher oder ein seelischer Schmerz war, Schmerz ist Schmerz, und bleibt gespeichert, ja, er wird sogar, wenn der gleiche Schmerz wieder und wieder auftritt, regelrecht gebahnt und mit jedem Mal schneller und intensiver abgerufen und folglich wahrgenommen.

Und weil das körpereigene Schmerzgedächtnis den körperlichen mit dem seelischen Schmerz gleichsetzt, wird oft ein Kummer, eine Sorge, eine Kränkung oder eine Enttäuschung als Schmerz wahrgenommen und mit den falschen Werkzeugen bekämpft.

Frau nimmt ein Schmerzmittel, anstelle dass sie weint, schreit, grollt oder tobt, und bringt sich damit nur tiefer in den Strudel von Schmerz-Schmerzmittel-Sucht – noch mehr Schmerz.

Süchtige horten ihre Pillen im Bad, im Schlafzimmer, in der Küche, in der Handtasche, im Koffer, im Büro, jederzeit greifbar – und wehe, sie würden ausgehen, nicht auszudenken, was dies bedeuten würde.

Auf diese Art kommen »Schmerzkarrieren« von locker fünfzehn oder zwanzig Jahren zustande, bevor die betroffene Frau um Hilfe bittet oder gar von ihrer Familie dazu genötigt wird, weil die Angehörigen nicht mehr länger tatenlos zuschauen wollen oder erst spät den Missbrauch entdeckt haben.

Frauen sind ja bekanntlich gut im Verstecken und Vertuschen, weit raffinierter als Männer, die schneller sozial und persönlich auffällig werden.

Beruhigungsmittel

Die zweite Gruppe der Substanzen, die schnell abhängig machen und trotzdem weit verbreitet sind, sind die Beruhigungsmittel. Namentlich das »Valium« oder das »Lexotanil« wurde speziell in den 60er und 70er Jahren vielen Frauen verschrieben, sobald sie ihrem Arzt auch nur leichte Symptome von Überforderung, Nervosität, innerer Unruhe oder Angstzuständen berichteten.

Herzklopfen, Herzrhythmusstörungen ohne organische Ursache, Durchfall, Schwitzen, Erröten, aber auch sorgenvolles Grübeln oder Einschlafstörungen konnten zum Anlass genommen werden, um diese Mittel zu rezeptieren.

Dabei gilt es zu berücksichtigen, dass die 60er eine Phase waren, in der das Frauenbild tiefreichenden Veränderungen unterworfen war – die Emanzipation begann – und damit eine Reihe neuer Herausforderungen für die Frauen. Die neuen Rollen in Gesellschaft, Beruf und Familie brachten es mit sich, dass nicht alle Frauen gleichermassen gut und flexibel darauf reagieren konnten und mutig neue Wege zu beschreiten gewillt und in der Lage waren.

Das traditionelle Erziehungsmuster hatte viele Frauen nicht dazu befähigt, nun plötzlich auf eigenen Beinen zu stehen und für sich selbst Verantwortung zu übernehmen. Sie waren es gewohnt, dass die Eltern und später der Ehemann die Entscheidungen für sie fällten, während sie sich um Kinder, Küche, Kirche kümmern durfte.

Nun war plötzlich vieles anders – es gab keine Rollenvorbilder, Unsicherheiten, Angst, innere Unruhe, Anspannung und Stress waren die Folge und die scheinbar körperlichen Symptome die sichtbare Spitze des Eisbergs.

Darunter wollte etwas thematisiert werden, was auch das Männerbild mit eingeschlossen hätte. Dafür war aber die Zeit noch nicht reif – die Emanzipation der Männer von ihren Rollenzuschreibungen war noch nicht akut.

Auch den Ärzten der 60er fehlte das psychologische Rüstzeug, um sich mit den Klagen der überforderten Frauen adäquat auseinanderzusetzen. Es war so viel leichter, ihnen eine Packung Valium® zu verpassen, damit eine Watteschicht in Rosa um die geschundene Seele zu packen und den Schmerz der Seele auf diese Art zu dämpfen. Vergessen wurde dabei, dass Valium® zum einen eine extrem lange Verweildauer im Körper hat, einen Überhang von fast 30 Stunden, so dass eine Frau, die heute mittag eine Pille einnimmt, noch morgen abend die Substanz im Organismus hat. Diese lange Halbwertzeit führt dazu, dass Reaktionen langsamer ablaufen, die Sprache und das Verständnis für Sachzusammenhänge verlangsamt werden und natürlich auch die emotionale Erlebnisfähigkeit reduziert wird. Salopp gesprochen läuft eine solche Frau in der Gegend herum wie ein gefühlsmässig reduzierter Zombie, reagiert träge und apathisch, gefühlsverarmt, pseudolässig, sicherlich aber nicht echt und authentisch, so, wie ihr eigentlich zumute ist. Da Valium® oder Lexotanil® aber so wundervoll beruhigt, sie damit ihre innere Zerrissenheit und ihre Unruhe nicht mehr körperlich spürt, meint sie, nun sei alles prima, sie sei der Welt und ihren Anforderungen gewachsen.

Weit gefehlt jedoch: Der rosarote Schleier führt im Gegenteil dazu, dass sie mehr Fehler macht bei der Arbeit, der Kopf ist ja teilamputiert, sie hat zudem keinen klaren »Gefühlsfilter« mehr, das Bauchhirn hilft ihr nicht mehr, sich richtig zu verhalten, und so agiert sie entweder zu angepasst oder zu lasch. Kurz, sie bleibt weit hinter ihren Möglichkeiten zurück und bekommt es noch nicht einmal mit!

Je länger die Sucht besteht, desto ausgeprägter wird der intellektuelle und emotionale Abbau für die Bezugspersonen spürbar. Die Interessen verflachen, ehemals geliebte Hobbys werden aufgegeben, der Freundeskreis wird nicht mehr gepflegt. Selbst Dinge des täglichen Lebens, wie Körperpflege, Kochen, Sauberkeit des Haushalts, der Kleidung und die allgemeine Ordnung, leiden und werden vernachlässigt. Zugleich werden immer öfter Ausreden gesucht und gefunden, warum dies und jenes nicht so funktioniert wie früher – am Anfang noch mit relativ rational klingenden Erklärungen, später dann immer absurder. Hartnäckig wird an der Verleugnung des eigenen Zustandes festgehalten, der Schuldige ist immer im Aussen. Seien es die Umstände, die Nachbarn, der unleidige Chef, die undankbaren Kinder oder der grantelige Ehemann – alle haben sie Verantwortung dafür, dass es Mama»im Moment« nicht so gut geht, nur Mama selbst hat nie und an nichts schuld.

Schlafmittel

Damit wären wir auch schon bei der dritten Gruppe von Substanzen angelangt, die häufig eingesetzt werden und in vielen Fällen auch zu Abhängigkeiten führen: die Schlafmittel.

Längst weiss jeder, wie wichtig ein gesunder und erholsamer Schlaf für den Menschen ist.

Im Schlaf laden wir unsere Energiebatterien wieder auf, im Schlaf arbeitet der Organismus an der Entgiftung, der Zellreparatur und der Ausscheidung. Das heisst, wir müssen schlafen, um optimal verdauen zu können, um die allgegenwärtigen Krebszellen aufzufressen und damit unschädlich zu machen. Wir benötigen den Schlaf aber auch, um unsere Ausscheidung von Giftstoffen und Abfällen zu aktivieren (am morgendlichen Stuhlgang sehen wir dann das Ergebnis der nächtlichen Arbeitsleistung).

Wir brauchen den Schlaf aber auch, um zu träumen und damit das am Tag Erlebte zu verarbeiten. Wenn man als besonders fiese Foltermethode einen Menschen davon abhält, zu schlafen und zu träumen, bekommt er ziemlich bald Wachträume und dreht durch. Er wird verrückt, weil er nicht mehr unterscheiden kann, was wahr ist und was Schein.

Der Schlaf ist aber auch deshalb von Bedeutung, weil wir ohne ihn sehr bald müde würden am Tage und nicht mehr so belastbar wären in Beruf und Familie.

Jeder, der schlecht schläft und sich stundenlang von einer Seite auf die andere wälzt, wünscht sich nichts sehnlicher, als endlich schlafen zu können.

Wer schlecht schläft, wacht morgens erschöpft und zerknittert auf, sein Tag hat schon von vornherein eine Schieflage. Oft sind unausgeschlafene Mitmenschen auch mufflig und schlecht gelaunt, was nicht wundern muss angesichts dessen, was ihnen alles fehlt.

So ist es ein nur zu verständliches Motiv, dem erholsamen Schlaf auch mit Hilfe von Medikamenten nachhelfen zu wollen.

Was kann mir zu erholsamem Schlaf verhelfen?

Es gibt einige Faktoren, die dabei zu berücksichtigen sind. Ausführlich habe ich diese in meinem Buch »Erdstrahlen & Co« erläutert, daher hier nur noch einmal in Kürze die wichtigsten:

- Der Schlafplatz muss frei sein von Erdstrahlen oder Wasseradern, sonst wird es nichts mit der Erholung.
- Die Elektrobelastung sollte auf ein Minimum reduziert werden, eventuell mit Hilfe eines Netzfreischalters.
- Das Schlafzimmer sollte dunkel, gut belüftet und möglichst ruhig gelegen sein – Lärm und Sauerstoffmangel stören den Schlaf erheblich.
- Vor dem Schlafengehen sollte man keine aufregenden Filme ansehen oder Krimis lesen, der Körper nimmt diese inneren Bilder mit in den Schlaf.
- Die Abendmahlzeit sollte frühzeitig erfolgen, spätes Essen tut dem Schlaf nicht gut.
- Alkohol sollte abends nur mässig getrunken werden, er belastet die Leber und führt zu Durchschlafstörungen zwischen 23 Uhr und 3 Uhr nachts (in dieser Zeit sind besonders die Leber und die Galle laut der chinesischen Organuhr aktiv).
- Sorgen und Belastungen seelischer Art sollten ausgesprochen worden sein oder schriftlich fixiert, ein Zwist

33

oder Streit mit dem Lebenspartner sollte vor dem Zubettgehen beigelegt werden. Den Stress mit in die Nacht zu nehmen stört den Schlaf.

Leider wird über diese Massnahmen zur Schlafhygiene viel zu wenig gesprochen. Folglich sind sie im allgemeinen Bewusstsein der Bevölkerung auch nicht in dem Masse vorhanden, wie das wünschenswert wäre. Es ist leider auch nicht bekannt, dass der Körper am Tage genügend Licht und Sonne braucht, um am Abend das Schlafhormon herstellen zu können. Und ohne Schlafhormon kein Schlaf!

Der körpereigene Schlaf-wach-Rhythmus ist von einer Mindestmenge an Schlaf abhängig – so als müsse der Körper das Schlafen üben, um schlafen zu können. Andererseits schlafen wir alle, wenn wir nur müde genug sind, nach harter körperlicher Arbeit oder einer anstrengenden Bergtour. Wenn wir aber viel Stress im Büro haben und zu wenig Bewegung und Ausgleich dazu, dann kommen wir nicht zur Ruhe, kommen nicht in den Schlaf, sind rastlos oder nervös.

Der Griff zur Schlaftablette ist dann ein verständlicher Schritt, aber ob er vernünftig ist, muss noch überdacht werden. Es gibt zwei Sorten von Schlafmitteln:
1. Einschlafmittel
2. Hilfen zum Durchschlafen

Die Einschlafmittel helfen überwiegend dazu, den Stresspegel im Körper zu senken und so quasi den Körper zum Schlafen zu »überreden«. Oft enthalten die Einschlafmittel Baldrian, Passionsblume oder Hopfen als dämpfende und einschlaffördernde Substanzen. Die chemischen Einschlafmittel enthalten »Chloralhydrat« oder ähnliche Substanzen, kurz wirkende Drogen, die einen in den Tiefschlaf befördern.

Auch der Alkohol macht wunderbar müde, gerade in Form von Bier (Hopfen und Malz!) und so mancher Zecher, der auf der Couch eingeschlafen ist (oder am Tresen), wundert sich hinterher, wie er in dieser Position überhaupt hat schlafen können. Der Grund ist, dass diese Mittel die Muskeln entspannen – so gelockert schläft man sanft. Die Einschlafmittel stören den Traumschlaf nur wenig und sind daher auch nicht so schädlich für die normale »Schlafarchitektur«.

Was meine ich damit?
Wenn wir schlafen, schlafen wir nicht immer gleich tief. Phasen des Tiefschlafes wechseln sich ab mit Phasen des Traumschlafes und des oberflächlichen Schlafes. In der Kindheit haben wir die meisten Tiefschlafphasen. Während der Körper wächst, benötigt er offenbar besonders viel davon!

Später werden die Tiefschlafphasen weniger, weniger tief und weniger oft – dafür träumen wir mehr und oftmals auch erinnerbarer. Je älter wir werden, um so häufiger werden die oberflächlichen Schlafphasen. Ein alter Mensch benötigt auch insgesamt nicht mehr soviel Schlaf wie ein Kind. Vielleicht sollte sich diese Erkenntnis einmal in den Altenheimen herumsprechen. Dort werden die pflegebedürftigen Senioren oftmals schon um 20 Uhr ins Bett gesteckt, in vielen Fällen mit einer Schlaftablette versehen, damit sie die Nachtschwester nicht stören.

Diese zweite Sorte Schlafmittel soll den Durchschlaf fördern. Dazu braucht es eine lange Verweildauer im

Körper, damit der Effekt auch sicher die ganze Nacht hindurch anhält.

Damit einher gehen aber eine Reihe an unerwünschten Effekten, über die nur selten gesprochen wird:

- Ein Durchschlafmittel ist auch morgens noch im Körper und sorgt dafür, dass der Mensch tagesmüde ist, schläfrig und eher apathisch.
- Die Leber muss länger an einem solchen Mittel verstoffwechseln und kann in dieser Zeit weniger andere Substanzen entgiften.
- Ein Durchschlafmittel greift erheblich in die Schlafarchitektur ein und verringert deutlich die Traumphasen. Ich erwähnte ja schon, dass die Traumphasen diejenigen sind, die für unsere seelisch-geistige Gesundheit von grosser Bedeutung sind. Wer nicht träumen darf, wird verrückt.
- Ein Durchschlafmittel sorgt zwar für einen »narkotischen« Tiefschlaf, aber um den Preis der eingeschränkten Tagestauglichkeit. Bis der Mensch wieder halbwegs wach ist, ist der halbe Tag vorüber. Oft fehlt dann die Zeit, um sich noch an der frischen Luft und der Sonne zu bewegen, was ein wichtiger Impuls für den Körper wäre, das körpereigene Schlafhormon zu produzieren.

Ein Teufelskreis!

Viele Menschen nehmen Schlafmittel vorbeugend, »ich will ganz sicher gut schlafen können, ich muss ja morgen wieder meinen Tag bewältigen« und so kommt es oft zu einer sogenannten »low-dose-dependency«.

Was verstehe ich darunter?

Es ist bekannt, dass Schlafmittel nicht so besonders gesund sind. Darum nehmen viele Abhängige auch nur eine halbe Tablette – oder ein Viertel (netterweise wird gerade Lexotanil® in Vierteln hergestellt, sieht lecker aus, fast wie ein Brötchen), weil sie meinen, dann sei es nicht ganz so schädlich. Doch auch diese niedrige Dosis (low-dose) macht abhängig (dependency), denn Substanz ist Substanz. Und gerade die Substanzen der Durchschlafmittel, die in niedriger Dosis auch nur beruhigend und nicht schlafanstossend wirken, besetzen im Gehirn die Rezeptoren, die für Wohlbefinden und Entspannung zuständig sind.

Ein Rezeptor ist eine Schaltstelle im Gehirn, die nur darauf wartet, dass der Stoff, für dessen Aufnahme sie gemacht wurde, vorbeikommt. Dann nimmt sie ihn auf und reicht ihn weiter an die Zelle.

Dass Schlafmittel überhaupt abhängig machen können, liegt auch daran, dass diese Rezeptoren nicht nur Schlaf und Entspannung triggern, sondern auch ein Gefühl von Wohlbefinden. Es ist dieses Gefühl von Behaglichkeit, das der Süchtige möchte. Das ist quasi die tiefste Belohnung, die er sich erhofft und erwünscht – der Schlaf ist mit der Zeit nur noch ein Nebeneffekt, der zwar erzielt wird, aber nicht das »Eigentliche« ist.

Dummerweise ist es aber so, dass der Körper sich an den Substanzgebrauch gewöhnt und das Schlafmittel über bestimmte Leberenzyme schneller abbaut als zuvor. Damit hält auch der entspannende Effekt des Mittels nicht mehr so lange an, in vielen Fällen muss dann die Dosis gesteigert werden.

Die Aktivierung dieser Enzymsysteme hat auch Auswirkungen auf Narkosen bei operativen Eingriffen: Ich erinnere mich noch gut an einen Patienten, bei dem ich eine Narkose machen sollte.

Er hatte bei der Befragung verschwiegen, dass er von diversen Substanzen abhängig war (man sah es ihm auch nicht an!). Ich merkte nur bei der Narkoseeinleitung, dass ich ihn mit der üblichen, auf sein Körpergewicht berechneten Dosis nicht in die Narkose brachte. Erst als ich die Narkosegase voll aufdrehte, konnte der Operateur tätig werden. Jeden »normalen« Patienten hätte diese Menge an Narkosegasen in einen kritischen Zustand gebracht. Ich muss auch sagen, dass mir mulmig war dabei. Es wäre vernünftiger gewesen, wenn mir der Patient etwas von seinen Medikamenten berichtet hätte. Das ist die Crux mit den Süchtigen, sie versuchen zu verschleiern, zu verleugnen und zu vertuschen und bringen sich damit in riskante Situationen.

Nikotinsucht – das Rauchen und seine Auswirkungen

Marlboro – der Geschmack von Freiheit und Abenteuer
Zigarettenwerbung

Warum denn gleich in die Luft gehen, greif lieber zur HB, dann geht alles wie von selbst.
HB rauchen heisst frohen Herzens geniessen!
Zigarettenwerbung

Das Rauchen, das heisst der Nikotinmissbrauch, ist die häufigste Suchterkrankung in Deutschland und dem Grossteil der europäischen Staaten. Das Suchtmittel – nämlich Zigaretten – fällt erstaunlicherweise aber nicht unter das Betäubungsmittelgesetz, sondern ist überall frei verkäuflich. Weder die »Dealer« noch die »Konsumenten« sind von Strafe bedroht, obwohl man inzwischen weiss, dass das Rauchen das höchste Suchtpotential von allen Drogen hat, obwohl die Folgeschäden des Rauchens die öffentlichen Kassen enorm belasten und obwohl durch den Rauch auch die Mitmenschen des Rauchers massiv gesundheitlich geschädigt werden. So steigt die Krebsgefährdung eines Nichtrauchers, der dem Passivrauchen ausgesetzt ist, statistisch um 30 Prozent. Auch ist es alarmierend, dass immer jüngere Menschen mit dem Rauchen anfangen und dass bei Frauen der Lungenkrebs zumindest in Amerika bereits häufiger als Todesursache zu beklagen ist als der jahrzehntelang führende Brustkrebs.

Kann es sein, dass der Gesetzgeber auf diesem Auge blinder ist als bei anderen Suchtmitteln, weil er am Tabak so gewaltig mitverdient?

Jedenfalls wundere ich mich sehr, dass die Studien über die gesundheitliche Gefährdung des Passivrauchens noch nicht umgehend dazu geführt haben, dass das Rauchen an allen Orten des öffentlichen Lebens, wie Speiselokale, Flughäfen, Versammlungshallen, verboten wird. Wahrscheinlich braucht es erst die Verfassungsklage eines Passivrauchers, der krank geworden ist, um die Verantwortlichen aus ihrer Trägheit aufzuscheuchen. In Deutschland wurde zwar ab August 2007 ein »Nichtraucherschutzgesetz« erlassen, es wird aber bereits an allen Ecken und Enden unterlaufen.

In Österreich konnte sch der Gesetzgeber noch überhaupt nicht dazu durchringen, ein Gesetz auf den Weg zu bringen – fürchtet man, der berühmte Wiener Schmäh beim Heurigen sei weniger heimelig, wenn keine Rauchschwaden mehr durch die Buschenschenken ziehen?

In einigen Ländern der EU, allen voran Irland, hat sich ein generelles Rauchverbot in Kneipen schon durchgesetzt, mit der erfreulichen Folge, dass die Rate an Herzinfarkten sich bereits in den ersten Monaten (!) nach Einführen des Rauchstopps dramatisch verringert hat – und zwar landesweit.

Wenn wir uns dem Problem des Rauchens nähern wollen und begreifen möchten, warum Menschen sich so etwas antun, müssen wir bedeutend tiefer schauen.

Jeder Raucher – und ich selbst war ebenfalls einmal Raucherin, von daher weiss ich ganz genau, wovon ich rede – hat, wenn er die erste Zigarette seines Lebens raucht, davon keinen Genuss, sondern hustet, leidet unter Übelkeit oder bekommt Durchfall.

Dies alles würde ich als die weisen Reaktionen eines

gesunden Körpers bezeichnen, der den Menschen davor schützen möchte, sich zu vergiften und sich selbst Schaden zuzufügen.

Wie kommt es aber dann dazu, dass diese gesunde innere Stimme vom Raucher überhört wird?

Das liegt daran, dass das Rauchen ein völlig unbewusstes Motiv befriedigt, von dem der Raucher selbst nichts weiss, das den Strategen der Werbeindustrie dafür aber um so bewusster ist.
Warum wohl wird für Zigaretten mit Slogans wie »Der Duft der grossen weiten Welt« oder »Der Geschmack von Freiheit und Abenteuer« geworben?
Sicherlich nicht, weil Zigaretten diese Versprechungen wirklich halten könnten. Dass dies eine Lüge ist, weiss jeder, der die Slogans mit gesundem Menschenverstand durchleuchtet.

Warum fallen die Raucher dem Rauchen dennoch zum Opfer?

Es wäre sicher verkehrt, wollte man alle Raucher pauschal als Dummköpfe abstempeln, denn die Entscheidung, zu rauchen oder aber nicht zu rauchen, fällt nicht auf der Ebene des Bewusstseins, sondern wird vom menschlichen Unbewussten diktiert – und dort vor allem von den eigenen unerledigten seelischen Konflikten, die uns zu selbstzerstörerischem Verhalten drängen, denn je schlechter es uns geht, um so wohler fühlt sich der Konflikt.
Dieser führt sich in unserem Energiesystem wie die berühmte Axt im Walde auf und kümmert sich nicht im geringsten darum, ob wir an diesem Konflikt zugrunde gehen, unglücklich oder krank werden – Hauptsache,

der Konflikt kann sein »Programm durchziehen«, alles andere ist ihm gleichgültig.

Der Raucher erhofft sich vom Rauchen einerseits ein Mehr an Lebensqualität, etwas, was die Werbung mit ihren Sprüchen schamlos ausnutzt, andererseits ein gutes Gefühl im Leben, etwas, was seine Seele nährt. Dass sich der Raucher eines untauglichen Werkzeuges bedient, wird ihm nicht bewusst.

Falls er dann doch beginnt, sich über seine Sucht und Abhängigkeit zu ärgern, startet er zahlreiche Versuche, mit dem Rauchen aufzuhören, aber jedesmal wird sein Vorsatz vom Konflikt zum Scheitern gebracht – was wir Aussenstehenden dann oft als »fehlende Willenskraft« bezeichnen.

Dabei fehlt es dem Süchtigen nicht an Willenskraft, aber er kann seinen Willen gar nicht klar äussern, denn er steht unter dem »Bann« des Konflikts. Der Konflikt bestimmt, was im Leben des Rauchers passiert, und wenn der Konflikt gross und mächtig genug ist, bringt er den Raucher schlussendlich dazu, zu resignieren und weiterzurauchen.

Damit hat der subtile seelische Energieräuber sein Ziel erreicht – der Raucher bleibt bei seiner Ersatzbefriedigung, die ihm, je länger, je weniger wirkliche Befriedigung schenkt, und zugleich wird der Mensch von einem wirklich authentischen, selbstbestimmten Leben abgehalten.

Wie kann man es schaffen,
vom Rauchen wegzukommen?

Wer also wirklich aufhören möchte mit dem Rauchen, tut gut daran, sich zunächst einmal Ziele zu setzen, die ihm eine bessere »Belohnung« versprechen als der blaue Dunst – etwas, was ihn innerlich mehr befriedigt und was sich für ihn sinnvoller anfühlt.

Bei mir war es der Wunsch, mein ungeborenes Kind nicht zu schädigen – und später war es der Wunsch, von der »Fluppe« unabhängig zu sein, nicht mehr panisch bei Wind und Wetter zum nächsten Zigarettenautomaten laufen zu müssen, weil mein Suchtmittel mir auszugehen drohte.

Weitere positive Motive waren für mich:
* der Wunsch, weiterhin genügend Luft zum Atmen zu bekommen
* der Wunsch, möglichst lange eine jugendliche, straffe Haut zu behalten
* der Wunsch, morgens nicht aus dem Mund zu stinken
* der Wunsch, meine Kleidung auch nach dem Ausziehen noch riechen zu mögen

Das Argument, mit dem Nichtrauchen dem drohenden Herzinfarkt oder dem Raucherbein zu entgehen, oder gar das Argument, damit eine Menge Geld zu sparen, haben für mich nicht gezogen. Aber vielleicht sind genau dies Argumente, die für andere Menschen stimmig und richtig sind. Wichtig ist es daher für jeden Raucher, der entschlossen ist, mit dem Rauchen aufzuhören, sich seine individuelle »Hitliste« der lohnenden Ziele zusammenzustellen.

Zeitgleich sollte er sich dann aber unter Anleitung eines guten Energietherapeuten auch mit seinen unbewussten »Rauchmotiven« auseinandersetzen – damit diese aufgelöst werden können und seinem freien Willen nicht länger im Wege stehen.

Alkoholsucht

Es ist ein Brauch von alters her:
Wer Sorgen hat, hat auch Likör!
Wilhelm Busch

Hast du Kummer mit die deinen, trink dich einen – geht
der Kummer nicht vorbei, trink dich zwei!
Anonym

Der Alkohol ist in unserer Gesellschaft eine ständige
Versuchung. Kein Fest oder keine Einladung, bei wem
auch immer, ist vorstellbar ohne die Frage:»Was wollt
ihr trinken?«
Und es wird selbstverständlich davon ausgegangen, dass
es etwas Alkoholisches ist, was der Gast zu trinken
wünscht.
Erst in den letzten Jahren hat es auch im Gastgewerbe
eine Auflage gegeben, die zwingend vorschreibt, dass es
für Jugendliche ein alkoholfreies Getränk geben muss,
das vom Preis her unter dem eines alkoholhaltigen liegen muss.

Alkohol ist ein wunderbar entspannendes und angstlö-
sendes Medikament. Alkohol lässt die Muskeln sich lok-
kern (bis vor sechzig Jahren war es durchaus üblich,
einer Schwangeren gegen vorzeitige Wehen Alkoholinfu-
sionen zu verabreichen!), Alkohol reduziert Schüchternheit und soziale Gehemmtheiten, Alkohol löst die Zunge
und macht gesprächig, jedenfalls solange wir es nicht
übertreiben und dann nur noch lallen können.
Alkohol ist daher die sozialste aller Drogen, sie verbindet

Menschen und eint sie in einer gemeinsamen Aktion, man denke nur einmal an den »bayrischen Volkssport«, das Heben der Masskrüge beim Oktoberfest oder anderswo.

Mit einem Glas Prosecco oder Bier in der Hand steht man aber auch ungleich lockerer und souveräner am Tresen der Bar oder in der Disco als »ohne« – ein Glas Apfelschorle oder gar ein Glas Mineralwasser zur Beschäftigung in Händen zu halten ist bei weitem nicht so »cool« und angesagt im Vergleich.

Wer etwas »verträgt« und auch reichlich »schlucken kann«, der gilt als ganzer Kerl, als Mann und damit stark, durchsetzungsfähig und mächtig.
Und so kann es einen eigentlich nicht mehr wundern, dass schon Kinder und Jugendliche sich dem »Kampfsaufen« verschreiben, bis hin zu komatösen Zuständen und tragischen Todesfällen bei Blutalkoholgehalten von fast 4 Promille.

Alkohol ist allgegenwärtig, und Alkohol gilt in gewissen Kreisen als zum guten Ton gehörig. Können Sie sich einen Bauarbeiter vorstellen, der zur Vesperpause Wasser trinkt? Oder einen Modedesigner, der seine Mädels zu Birnensaft über den Laufsteg gleiten lässt?
Eben!

Man (oder frau) schliddert schneller in die Abhängigkeit von Alkohol, als einem lieb sein kann. Erst ist es nur das kleine Fläschchen Sekt am Morgen, damit der Kreislauf in die Gänge kommt (sehr nett von der Industrie, dass sie den Sekt in Piccologrösse verpacken, das zählt ja nicht wirklich, das ist ja Medizin!), dann kommt das Glas Wein zum Mittagessen dazu (sonst kann der Fisch ja nicht schwimmen) und am Abend braucht es dann den einen oder anderen Cocktail, als Absacker oder Belohnung nach einem harten, arbeitsreichen Tag.

Nun werden bei weitem nicht alle Menschen süchtig, die mittags einen Wein zum Essen trinken oder ab und an einen Cocktail nippen – gerade die Südländer haben einen geregelten Alkoholkonsum, aber oft ohne Suchterscheinungen.

Wenn aber konsumiert wird, um damit noch anderes zu erreichen (oder zu verschleiern), dann kann es gefährlich werden.

So unterscheidet man verschiedene Suchtformen beim Alkohol, unter anderem:
• den Gewohnheitstrinker
• den Konflikttrinker
• den Quartalstrinker
• den Spiegeltrinker

Diese Unterscheidung, die ich noch beim Studium gelernt habe, ist in der Praxis wenig hilfreich (wie so viele andere Etiketten auch), denn allein das Benennen und Zuordnen einer Suchtform hilft ja bekanntlich noch nicht, das dahinterstehende Problem zu identifizieren, geschweige denn es zu lösen.

Männer und Alkohol

Bei Männern erlebe ich oft, dass der Alkohol dazu dienen soll, ihre Sorgen zu betäuben, damit sie sich mit ihren negativen, schambesetzten Gefühlen der Unzulänglichkeit nicht mehr beschäftigen müssen.

Aber wie mein kluger Sohn immer anmerkt:»Sorgen sind gute Schwimmer, es kann nicht gelingen, sie dauerhaft zu ersäufen!«

Da Männer von ihrer Genetik und von ihrer Sozialisation her eher spärliche Kommunikationsfähigkeiten haben – und zudem äusserst ungern um Hilfe bitten, dient ihnen der Alkohol oft dazu, ein anstehendes Problem dadurch in den Hintergrund zu drängen (und damit weniger schmerzhaft zu machen), indem sie sich betäuben.

Sehr treffend kommt dies auch in einigen Countrysongs zum Ausdruck, wo der verlassene Ehemann sich, das Haus und einen Freund namens »Wein« einlädt, um mit ihnen gemeinsam den Weggang der Ehefrau zu bedauern – so lange, bis er so blau ist, dass ihm dieser Verlust nichts mehr ausmacht.

Genauso kann man(n) es natürlich auch machen, wenn der Job verlorengeht, wenn einem Freunde wegsterben oder das einstmals geliebte Hobby keine rechte Freude mehr macht.

In allen diesen Fällen (und unzähligen Konstellationen mehr, die sich jeder für sich selbst ausmalen kann) mag der Alkohol zunächst als wunderbarer Trost erscheinen, der den Schmerz und die Trauer weniger heftig spürbar sein lässt. Und wie so oft im Leben hofft man, dass viel viel hilft, und so entwickelt sich die Sucht heimlich, still und leise. Man gewöhnt sich daran, nur noch durch einen sanften rosa Nebel mit der feindlich empfundenen Welt in Kontakt zu treten.

Natürlich hält der positive Effekt nicht lange an, die Dosis muss gesteigert werden, weil die Wohlfühlhormone des Gehirns nicht mehr zuverlässig gebildet werden.

Schlussendlich erschöpfen sich die positiven Effekte, das Wohlbefinden stellt sich nicht mehr ein. An seine Stelle treten schlechte Laune, Selbsthass, Depression, Angst vor der Welt und dem nächsten Tag, Verzweiflung und Lebensüberdruss.

Der Alkoholsüchtige versucht, mit weiterer Dosissteigerung dieser Negativspirale zu entkommen, erntet aber nichts anderes als eine weitere Verschlechterung seines Zustandes. Da sein Denken nur noch um die Droge kreist, verliert er nicht nur seine Interessen, sondern auch sein soziales Umfeld und einen Grossteil seiner körperlichen, seelischen und geistigen Fähigkeiten. Sein Denken engt sich immer weiter ein, zirkuliert nur noch um den Alkohol, alle anderen Gedanken, Gefühle oder Wünsche werden immer weniger wahrgenommen, die Persönlichkeit verflacht und löst sich schlussendlich fast auf.

Frauen und Alkohol

Bei Frauen, die ja aufgrund ihrer Genetik deutlich weniger Alkohol vertragen als Männer (weil sie nicht soviel vom alkoholabbauenden Enzym »Alkoholdehydrogenase« besitzen wie Männer), geht der Abbau oft schneller. Zugleich sind Frauen aber wegen ihrer stärkeren sozialen Einbindung oft auch die Weltmeister im Verstecken und Verheimlichen ihrer Sucht. So kaufen sie ihr Suchtmittel oft in kleinen Quantitäten, kleinen Flaschen, die keine soziale Aufmerksamkeit erregen. Sie nutzen auch alle Gelegenheiten, um mit anderen Menschen »ein Gläschen« zu trinken. Die Reste in den Flaschen leeren sie dann oft heimlich schnell in der Küche.
Zudem achten Frauen zu Beginn ihrer Suchtkarriere

sehr darauf, dass sie sich nach dem Trinken ordentlich die Zähne putzen, immer einen Kaugummi oder ein Pfefferminzbonbon in der Tasche haben, um die »Fahne« nicht riechbar werden zu lassen. Zu Hause werden die leeren Flaschen, sofern sie sich nicht heimlich entsorgen lassen, in allen möglichen Verstecken deponiert, möglichst solchen, die von den Partnern nicht gefunden werden, z.b. unter der eigenen Unterwäsche, zwischen den Putzmitteln oder in den unteren Schubladen des Kinderspielzeugs.

Frauen achten auch ziemlich lange darauf, dass sie von ihrem Aussehen und der Frisur her nicht den Anschein von Verwahrlosung machen. Die sichtbaren Veränderungen des Erscheinungsbildes, wie Dünnerwerden der Extremitäten zuungunsten eines geröteten »Mondgesichtes« und eine vermehrter Fettansatz am Bauch, lassen für das geübte Auge dennoch Rückschlüsse auf die Sucht zu. In diesem Zusammenhang spricht die Medizin von einer Umverteilung des Speicherfettes in ein »maskulines« Muster.

Bei Alkoholsüchtigen beiderlei Geschlechtes fällt auf, dass sie im nichtbetrunkenen Zustand oft besonders still und unauffällig sind. Erst der zunehmende Alkoholpegel macht sie »sicht- und hörbar«, oft sogar enthemmt. Viele äussern auf Befragen, dass sie eigentlich enorm schüchtern sind, die Mitmenschen machen ihnen angst. Andere sagen, dass es ihnen an einer wirklichen Perspektive für ihr Leben fehle, dass sie sich Sorgen um die Zukunft (sowohl ihre eigene als auch die des Planeten) machten. Oder aber ich höre, dass doch eh alles egal sei und man das eigene Schicksal doch nicht ändern könne, sondern allenfalls hinnehmen müsse.

Aus all dem schliesse ich, dass hinter der Alkoholsucht zum einen massive Ängste stehen, die mit der Droge betäubt werden sollen. Andererseits findet sich eine resignative Grundhaltung, die nicht zu erkennen vermag, dass wir selbst für uns und unser Leben verantwortlich sind. Die Herausforderungen, Schwierigkeiten und Widrigkeiten, mit denen wir kämpfen müssen, sind im besten Falle Möglichkeiten, um uns zu beweisen, oder aber Gelegenheiten, um innerlich zu wachsen und stärker zu werden. Ein Alkoholsüchtiger hingegen wird immer bestrebt sein, im Aussen den Verursacher seiner Probleme zu suchen und zu finden. Er oder sie fühlt sich als Opfer widriger Umstände, ohnmächtig einem übermächtigen Szenario ausgeliefert. Die eigene Willenskraft, Dynamik und Fähigkeit zur positiven Aggression wird überhaupt nicht gesehen, geschweige denn eingesetzt. Diese unterdrückte Eigendynamik kommt allerhöchstens in Kneipenschlägereien, dem Verkloppen der Ehefrau oder der Kinder zum Ausdruck oder in absurden Selbstbeschimpfungen, wenn einmal wieder der frustrane Versuch der Abstinenz angegangen wird.

Wie kann der Ausstieg aus der Alkoholabhängigkeit gelingen?

Normalerweise braucht es eine handfeste Krise oder eine Erkrankung, die das eigene Leben bedroht, um mit dem Alkohol aufzuhören. Entweder ist es der drohende Verlust des Arbeitsplatzes, weil der Mitarbeiter wegen seiner Abhängigkeit seine Aufgaben nicht mehr zur Zufriedenheit erfüllen kann, oder es ist der Ehemann, der der Alkoholsüchtigen mit Scheidung droht.

Es kann aber auch das Koma oder ein schwerer Auto-unfall unter Alkoholeinfluss sein, der einen Menschen bewegen kann, mit der Sucht aufzuhören.

Der erste Schritt ist dann oft die »Entgiftung«, das heisst der komplette Entzug der Droge unter stationären Bedingungen. Im Krankenhaus wird so ein Patient dann überwacht, damit die Entzugserscheinungen, die der Körper produziert, nicht in ein lebensbedrohliches Delir führen und die Herz-Kreislauf-Funktion gefährden.

Nach diesem körperlichen Entzug wäre der Mensch eigentlich frei, einen gesünderen Lebensstil aufzunehmen. Die enorm hohen Rückfallquoten belehren uns aber täglich eines Besseren. Nur den Körper entgiftet zu haben genügt offenbar nicht, um auch Seele und Geist von deren Giften zu befreien.

Was sind die Seelengifte?

Alle Gefühle, vor denen wir uns fürchten, für die wir uns schämen oder die wir zu vermeiden versuchen, können den Boden einer Alkoholsucht bereiten.
Vor allem sehe ich oft, dass es das Thema Angst ist, das im Leben vieler Menschen eine überwertige Rolle spielt. Es sind dabei nicht nur nachvollziehbare Ängste, wie die Angst vor Krankheit, Tod, Unfällen, Feuer, Armut oder Schmerzen, viel häufiger sind Angstformen, die sich hinter Sorgen, Grübeln, Befürchtungen, Kummer und anderen Erscheinungsformen verstecken. Diese Zukunftsängste oder Versagensängste haben keinen Bezug zur Realität – sie werden von dem Menschen im Geist vorweg genommen und dann je nach Phantasie mehr oder weniger blumig ausgeschmückt. Am Ende steht aber oft eine komplette Lähmung allen Lebenswillens, jeder Kampf-

geist scheint abhanden gekommen zu sein – Lösungs-
möglichkeiten werden nicht mehr wahr genommen.
Wenn es gelingen kann, den Satz:»Ein Grossteil der Sorgen besteht aus unbegründeter Furcht!« in den Köpfen
und Herzen der Alkoholsüchtigen zu verankern, ist schon
viel gewonnen. Demgegenüber ist deren Strategie aber
darauf angelegt, sich immer die grösstmögliche Kata-
strophe vorzustellen, vor der sie dann natürlich kapitu-
lieren müssen – und trinken müssen.

Hilfreich kann also sein, sich darüber klarzuwerden,
dass ich nur immer jeweils einen Tag zu bewältigen habe
und es absolut nutzlos ist, mich schon heute wegen weiter in der Zukunft liegender Ereignisse zu ängstigen.
Salopp gesprochen könnte mir natürlich jeden Tag der
Himmel auf den Kopf fallen, nur befassen muss ich mich
erst dann damit, wenn dies tatsächlich eingetroffen ist.
Beschäftige ich mich nämlich in meinem Kopf mit der
Möglichkeit, werden die Reaktionen meines Körpers so
sein, als sei das Desaster bereits passiert. Auch mein
Immunsystem wird entsprechend geschwächt, selbst
dann, wenn in der äusseren Realität überhaupt nichts
geschehen ist.

Es geht also darum, dem Denken und dem Fühlen eine
neue Richtung zu geben.
Selbstverständlich könnte ich in jeder Situation denken:
»Das Glas ist schon halb leer« und mich dabei mies fühlen, weil vom Leben um Fülle betrogen. Ich könnte aber
auch sagen:»Hey, das Glas ist immer noch halb voll« und
mich dabei freuen.
Die Situation der äusseren Welt ist in beiden Fällen die
gleiche. Wie ich sie bewerte und betrachte, hat hingegen
weitreichende Auswirkungen auf mein körperliches und
seelisches Gleichgewicht.

Wenn es aber nun so einfach wäre, nur durch positives Denken die gesamte Suchtproblematik zu lösen, dann würden die vielen verhaltensverändernden Ansätze der modernen Psychiatrie weitaus besser greifen, als sie es tun. Wir müssen also, wenn wir das Alkoholproblem lösen möchten, noch etwas tiefer gehen.

Zum einen ist es sicher nützlich, sich zu fragen, was der Süchtige von seinem Suchtverhalten hat? Es liegt auf der Hand, und darüber ist sich jeder Süchtige in seinen klaren Momenten auch bewusst, dass er oder sie keinerlei wirklichen Gewinn aus der Sucht ziehen kann. Die Sucht steht so offensichtlich dem gesunden Menschenverstand gegenüber, dass es auch nicht hilft, den Süchtigen »geistig umnachtet« zu nennen.

Wenn wir aber die Dimension des Unbewussten mit ins Spiel bringen und uns fragen, welche subtilen, versteckten Dämonen sind hier am Werk, bekommen wir plötzlich Antworten, die schlüssig und stimmig sind.

In meiner Arbeit mit der PSE, auf die ich später im Detail eingehen werde, haben sich in den vergangenen zehn Jahren als unbewusste Ursachen für Alkoholsucht folgende Themen herauskristallisiert:

Das Gefühl *sozialer Isolation,* man fühlt sich fremd oder ausgegrenzt, man traut sich nicht, das Leben mit allen Sinnen zu geniessen, sondern reduziert sich selbst auf einige wenige Aspekte, die dann oft übertrieben präsentiert werden.

Das Gefühl von *Wut und Ärger,* das man immer unterdrücken muss, der uneingestandene Wunsch, etwas kaputtzumachen zur Not sich selber. Das erinnert in der Tat an Rumpelstilzchen, das sich nach Enttarnung seines Namens selbst in der Mitte entzweigerissen hat.

Das Gefühl von *Gier,* entsprungen einer Wahrnehmung von »Ich bekomme nie genug«. Endlich will man einmal von allem reichlich erhalten, ohne Ende, ohne Mass, ohne Begrenzung oder Stopp.

Das Gefühl von *Frustration,* von einem quälenden inneren Hunger, der nie und durch nichts gestillt werden kann. Was immer man erhält, scheint stets das Falsche zu sein und kann keine echte Befriedigung geben.

Was passiert nun in der Sucht?
Der Alkoholsüchtige (aber nicht nur er, dies gilt auch für die meisten anderen Suchtformen) *isoliert sich* immer mehr, sein Umfeld entfremdet sich ihm. Er spürt oft Wut und Ärger in sich – oder aber dies wird ihm von aussen entgegengebracht. Eine Ehefrau, deren Gatte schon x-mal versprochen hat, mit dem Trinken aufzuhören, dieses Versprechen aber immer wieder bricht, macht *ärgerlich.* Er selbst ist aber auch *wütend,* weil ihm seine Frau ja offenbar den Genuss des Trinkens nicht gönnt. Und wenn er oder sie dann trinkt, ist es oft nicht Genuss, der daraus resultiert, sondern der Alkohol wird hinuntergeschüttet, *gierig,* hastig, um die Entzugserscheinungen abzuwehren – oder die Angst – oder den Schmerz. Wohlbefinden, Behagen, Lust oder Freude können immer seltener empfunden werden, die *Frustration* steigt.

Diesem Automatismus liegt das zugrunde, was ich den subtilen Gewinn des Konfliktes nenne: Je mehr er den Menschen in der Sucht festhält, desto leichter kann der Dämon sich an der Lebenskraft des Menschen bedienen und diese für seine Zwecke missbrauchen. Der Mensch bleibt süchtig, der Dämon, den man auch den inneren Widersacher nennen kann, wird stärker.

Diese »Dämonen, Energieräuber oder Vampire« sind keine Einbildung oder Phantasie, sie sind zwar für unser menschliches Auge unsichtbar, aber sie »leben« in unserem Energiefeld. Sie dort aufzuspüren und abzuschmelzen, ist nach meinen Erfahrungen ein guter und gangbarer Weg für Langzeiterfolge in der Suchtbehandlung.

Wenn es uns gelingt, die unbewussten Suchtmuster ins Bewusstsein zu bringen, die energetischen Ursachen aufzulösen und zugleich die falschen Programme durch gesündere zu ersetzen, dann kann Heilung gelingen. Das klingt ähnlich wie ein »Virusschutzprogramm« für unsere Computer – und damit vergleiche ich es auch oft.

Der Weg aus der Sucht ist also ein Programm auf mindestens zwei Schienen.
1. Auflösen der einengenden, unbewussten Muster
2. bewusste Neuprogrammierung

Die zweite Schiene muss ich noch etwas erläutern.
Es geht hierbei vor allem darum, hinter den Konflikt zu schauen, um dort den Schatz der Seele zu entdecken.
Man kann fragen: Wozu diente die Sucht, was will sie bewusst machen?

In vielen Fällen geht es bei den Alkoholsüchtigen darum, dass sie sich geliebt und genährt fühlen möchten. Sie wollen eine gute Mutter, die sie schützt, liebt und verwöhnt. Dabei müssen sie lernen, dass sie diese Mutterinstanz bereits in sich drin haben, es muss nur noch eine Verbindung zu ihr hergestellt werden.

Zudem geht es darum, zu begreifen, dass von aussen niemals Hilfe kommen kann, wenn ich im Innen nicht bereit bin, diese anzunehmen. Dazu braucht es die Erkenntnis, dass ich es wert bin, dass man mich mag, respektiert und liebt.

Es geht aber auch darum, zu erkennen, dass ich einen freien Willen habe und dass ich diese Willenskraft auch für mich selbst einsetzen darf. Ich habe meine Power nicht nur, damit ich für andere das »Aschenputtel« sein kann, das deren Linsen aus der Asche klaubt, sondern ich darf meine Dynamik für mich selbst nutzen.

Einfacher noch gesagt geht es darum, einen gesunden Egoismus zu entwickeln, eine positive Aggression als Fähigkeit, an Dinge oder Menschen heranzugehen und zuzupacken.
In diesem Zusammenhang geht es auch darum, die Grenzen des eigenen »Reviers« zu erkennen und gegebenenfalls auch zu verteidigen.

Da viele Alkoholsüchtige sehr feinfühlige und empfindsame Menschen sind, gilt es zunächst einmal zu fragen, was sie denn eigentlich gerne mit ihrem Leben machen würden – wenn denn die Sucht nicht wäre.
Oft ist es überraschend, zu erkennen, wie viel kreatives Potential in ihnen verborgen ist. Sei es Malerei, Bildhauerei, Literatur, Poesie, Musik, Sprachwitz oder Kochkunst – es ist erstaunlich, was zutage tritt, wenn man diese Menschen einmal nicht unter dem Aspekt ihres Defizits betrachtet, sondern ihre Fähigkeiten, Wünsche und Interessen hinterfragt.

Dort, wo das grösste Konfliktpotential liegt, ist oft auch der Schlüssel zur Lösung zu finden.

Fress-Sucht – Adipositas, metabolisches Syndrom

Elend wird vergessen, gibt's nur was zu essen.
Miguel de Cervantes

Kochkunst = eine ebenso angenehme wie heimtückische Methode, Muskelfleisch in Bauchspeck zu verwandeln.
Helmar Nahr

Es wird mit Recht ein guter Braten
Gerechnet zu den guten Taten.
Wilhelm Busch

Übergewicht und seine Folgeerkrankungen ist in den industrialisierten Ländern eines der am schnellsten wachsenden Gesundheitsprobleme. Heutzutage leiden schon Kinder und Jugendliche in zunehmendem Masse an Erkrankungen, die wir früher doch eher dem höheren Lebensalter zugeordnet hätten, wie Gelenkarthrosen, Zuckerkrankheit, Bluthochdruck und Kurzatmigkeit, und all dies nur, weil sie viel zu fett sind und sich viel zuwenig bewegen.

Überall lese ich in den Fachzeitschriften, dass es mehr Information und Aufklärung braucht, dass die »gesunden« Lebensmittel mehr beworben werden müssten und dass sowohl Lehrer als auch Eltern und Ärzte den Präventionsgedanken mehr ins öffentliche Bewusstsein bringen müssten.

Andererseits gibt es seit vielen Jahren eine grosse Auswahl an Büchern, die gesunde Ernährung vorstellen. Es gibt auch Fitnessprogramme der Krankenkassen, zahllose Sportstudios und »Walkingtreffs«, es gibt Fastenwanderungen, Detoxgeräte, Schlankheitspillen, metabolismusanregende Ernährungsprogramme, es gibt die Aktion »gesundes Pausenbrot« und was der Möglichkeiten mehr sind.

Trotz alledem steigt die Anzahl der übergewichtigen Menschen immer weiter an.

Was wird übersehen?

Kann es sein, dass das Übergewicht, die Adipositas oder das metabolische Syndrom (um nur einige der Begriffe zu nennen, mit denen die Fettleibigkeit umschrieben wird) eben nicht mit den Werkzeugen von Erkenntnis und unmittelbarer Umsetzung in den Griff zu bekommen ist?
Kann es sein, dass wir eher eine Suchtkomponente unterstellen müssen? Kann es sein, dass das Essverhalten unbewusst geprägt ist – und damit äusserst resistent gegen jegliche Versuche der Veränderungen per Kopfbeschluss?

Wer kennt sie nicht, die Zeitgenossen, die sich immer wieder zum Jahreswechsel vornehmen, dass sie jetzt alles anders machen und vernünftiger essen und trinken werden. Das Haltbarkeitsdatum solcher Vorsätze ist extrem kurz. Spätestens Mitte/Ende Januar kehrt der alte Schlendrian zurück, und die Pfunde steigen erneut.

Was steuert unser Essverhalten?

Zunächst einmal ist das Essen eine soziale Tätigkeit. Wir lernen am Vorbild der Eltern, was in der Familie auf den Tisch kommt und allen schmeckt – oder schmecken sollte. Wenn uns also schon die Eltern beibringen, dass es vor allem darauf ankomme, »gut und reichlich« zu essen, prägt sich dies ein. Ebenfalls prägt sich ein, dass man schön aufessen muss, weil ja sonst die armen Negerkinder in Afrika verhungern, wie ich es noch als Kind zu hören bekam.

Das Essen kann aber auch eine (gelernte) Strategie sein, um Gefühle von Langeweile, Unlust, Frustration, Ärger, Wut, Einsamkeit oder Enttäuschung nicht mehr spüren zu müssen. Essen nährt, und viele Menschen glauben, dass sie mit Nahrungsmitteln auch die Bedürfnisse ihrer Seelen befriedigen könnten – und das fängt schon früh an: Wenn wir unsere Kinder stillen, stellen wir sie auch still, solange sie an der Brust nuckeln, schreien sie nicht!

Zudem vermittelt das Essen Versorgtwerden, Behaglichkeit, Verwöhnung, Gemeinschaft (man teilt Tisch und Bett, heisst es so schön von Lebensgemeinschaften!) und Kommunikation mit anderen. Viele Menschen essen vernünftiger und bewusster, wenn sie mit anderen essen, während nur wenige für sich allein etwas »Anständiges« kochen. Da wird dann eher eine Tiefkühlpizza in den Ofen geschoben oder ein Döner oder eine Currywurst verzehrt.

Essen ist also weit mehr als nur die Aufnahme der benötigten Kalorien, um unseren Körper und seine Funktionen zu erhalten. Und genau dies wird bei den üblichen

Verfahren, dem Übergewicht zu begegnen, ausser acht gelassen.

Es geht beim Adipösen nicht darum, dass er nur möglichst genau die Kalorien zählen sollte; es hilft auch nicht, wenn man ihm oder ihr nur ausgeklügelte Sport- oder Bewegungspläne offeriert. Es geht vielmehr darum, an die unbewussten Programme heranzukommen, die das Essverhalten nachhaltig steuern (oder manipulieren).

Ohne die Einbeziehung des Faktors der seelischen Hintergründe kann eine nachhaltige und zielführende Adipositastherapie nicht greifen.

Wie kommt man an die seelischen Hintergründe heran?

Es ist sicherlich eine Illusion, anzunehmen, dass es möglich wäre, jeden Übergewichtigen einer aufdeckenden Psychotherapie oder einer Verhaltenstherapie zuzuführen. Dafür reichen die Mittel der gesetzlichen Krankenversicherung keinesfalls aus. Es gibt auch gar nicht genügende Therapeuten, die dies bewerkstelligen könnten, von der Motivation der Betroffenen einmal ganz zu schweigen.

Was könnte man also tun?

Der Mensch besteht ja bekanntlich nicht nur aus seiner »Hardware«, d.h. dem grobstofflichen Körper, den man vermessen und wiegen kann, dem man Blut abnehmen kann und der ein EKG erhalten kann. Daneben haben wir alle ein (unsichtbares) Energiefeld, das uns umgibt und in dem sich unsere »Energiebatterien« befinden, quasi die »Software«, die unseren Organismus steuert und darüber bestimmt, ob die Blaupause von Gesundheit zum Tragen kommt oder von diversen Blockaden beeinträchtigt wird.

Mit der PSE (Psychosomatische Energetik, einer Therapiemethode, mit der ich seit über zehn Jahren erfolgreich arbeite) gelingt es leicht, indirekt den Füllungszustand unserer Energiebatterien ausfindig zu machen. So erhalten wir Informationen über die mögliche körperliche Verfassung, die Stabilität der Seelenlage und des Immunsystems, wie auch über die geistige Klarheit und Alltagstauglichkeit des Patienten. Wir erfahren sogar etwas über seine Feinfühligkeit und intuitiven Fähigkeiten, die helfen können, das Problem mit dem Gewicht besser in den Griff zu bekommen – weil, wie schon erwähnt, es allein mit Disziplin nicht zu machen ist.

Wir können hier auch Blockaden der autonomen Körperregulation feststellen – wenn das *vegetative Nervensystem* entweder in Erschöpfung erstarrt ist oder ständig zu viele Stressimpulse erhält, dann ist das Abnehmen erschwert, und die Waage wird zum Feind.

Wir können auch ermitteln, wieviel Angst, *Anspannung und Stress im Körper* gespeichert ist. Adrenalin als Stresshormon verhindert das Abnehmen sehr effektvoll, und nur da, wo wir entspannt und vertrauensvoll agieren können, stellen sich die Erfolge ein.

Aber auch »*blankliegende Nerven*«, chronische Schmerzen und andere Formen der nervlichen Überreizung tun den Abnehmbestrebungen nicht gut.

Wenn es also gelingt, mit Hilfe geeigneter homöopathischer Mischungen etwas von diesem inneren Druck zu reduzieren, kann sich eine grössere»Leichtigkeit« einstellen, die dann auch auf der Waage sichtbar zu Buche schlägt.

Den grössten Einblick ins innerseelische Geschehen erhalten wir aber, wenn wir uns den *Segmentblockaden* und den dazugehörigen *seelischen Hintergründen* nähern.

Bei fast allen Übergewichtigen, die ich in den vergangenen zehn Jahren behandeln durfte, sind die grossen Blockaden im Bereich des Oberbauches, dem Segment der Verdauung, zu finden gewesen. Ich habe den Eindruck, als sei das seelische Grundempfinden dieser Menschen geprägt von Frustration:»Ich finde alles so zum Kotzen – nichts macht mich wirklich satt oder stillt meinen Lebenshunger und meine hungrige Seele.«
Es geht hier um den bewussten Willen zu leben und vom Leben auch das zu bekommen, was man sich wünscht, nicht einen faden Abklatsch.
Diese Menschen wollen gerne (im übertragenen Sinne formuliert) herzhaft zubeissen, spüren dann aber, dass Essen doch nicht das ist, was ihre Seele nährt, und prompt spucken sie das Essen wieder aus oder deponieren es in lästigen Speckrollen rings um sich herum.
Nahrung und Essen hat ja aber auch etwas mit der mütterlichen Energie zu tun, und wenn ein Mensch ein zwiespältiges Verhältnis zu seiner Mutter hat, mag er sich von ihr auch nicht nähren lassen und weist das von ihr angebotene Essen zurück (oder aber er übertreibt es masslos und erkennt nicht, dass er damit der Mutter nicht schaden kann und sich so auch nicht»rächen« kann für einen subjektiv empfundenen Mangel an Zuwendung).

Das seelische Grundthema ist hier aber auch, die Brocken, die das Leben einem zuwirft, zu verdauen und zu verarbeiten. Nützliches soll behalten werden, den Rest sollten wir wieder ausscheiden und innerlich loslassen. Es geht hierbei um das eigene innere Feuer, die Dynamik und positive Aggression, die man für sich selbst einzusetzen lernen sollte. Die TCM (Traditionelle Chinesische Medizin) ordnet der Leber als zentralem Verdauungsorgan die Qualität des Feuers zu. Im Feuer der Leber wird dynamisch all das verbrannt, was uns vergiften könnte, die Leber ist also unsere »Chemiefabrik« und unser Dynamo. Die Naturheilkunde weiss, dass der Schmerz der Leber die Müdigkeit ist und dass wir »sauer werden, wenn uns eine Laus über die Leber läuft.« Daher sollten wir uns selbst Raum im eigenen Leben einräumen. Wir sollten uns »Platz zum Wachsen« in unserem Innen verschaffen, damit das nicht ein ausuferndes Körpermass tun muss. Dabei müssen wir ausloten, wo unser Terrain beginnt und wieviel Raum wir benötigen. Dazu müssen wir eben auch anderen Menschen Grenzen setzen und ihnen klarmachen, dass wir uns nicht an die Wand drängen lassen. Sich gegen Übergriffe zu wehren und »Nein« sagen zu lernen gehört genauso zu den Lernaufgaben, wie das Leben mit allen Sinnen zu geniessen und sich selbst dafür die Erlaubnis zu erteilen. Etwas salopp sage ich den Patienten oft: »Aschenputtel, komm aus der Asche, lass das Linsenlesen sein und geh auf den Ball! Du darfst das!« Die seelischen Konflikte im Oberbauch heissen »Ich fühle mich ganz allein«, »Ich darf nicht wütend sein«, »Ich will mehr vom Leben« und »Ich bin hungrig nach guten Gefühlen«.

Die schrittweise Auflösung solcher Seelenblockaden und das Umsetzen der Botschaften der Seele im Alltag lässt in vielen Fällen die Symptome der Adipositas verschwinden.

Dazu ist es aber notwendig, dass die Weisheit der Seele des Patienten geachtet wird. Das heisst, die Therapeuten dürfen nicht zu ungeduldig sein und zuviel auf einmal fordern. Jeder innerseelische Wachstums- und Umwandlungsprozess benötigt Zeit, Geduld und liebevolle, unterstützende Führung, keine Gewaltanwendung, keine Panikmache oder Druck.

Was der Therapeut aber darf und auch soll, ist, die positiven Lösungssätze mit praktischen Tips zu unterstützen und gemeinsam mit dem Patienten zu erarbeiten, was wann möglich und machbar ist.

So kann der Satz: »Ich lerne, meine Grenzen zu finden und diese auch zu verteidigen« im Alltag durchaus mit dem Erlernen einer Kampfsportart verknüpft werden. Der Satz kann aber auch dazu dienen, sich der Überforderung durch Beruf, Haushalt und Schwiegermutter mit einem herzhaften und klaren »Nein, heute will ich nicht« zu widersetzen.

So vielfältig und einzigartig wie die Menschen sind, so zahlreich sind auch die individuellen Lösungswege. Es ist spannend, dass nach und nach das Selbstbild des Patienten sich wandelt und harmonischer, echter, freundlicher und lebenstüchtiger wird. Dass dabei auch die Pfunde purzeln, ist ein netter Nebeneffekt, der dann aber nicht mehr die Essenz des Geschehens ausmacht.

Sexsucht

To every man is given the key
to the gates of heaven.
The same key opens
the gates of hell.

Jedem Mann ist der Schlüssel
zum Himmelstor gegeben worden.
Der gleiche Schlüssel öffnet
das Tor zur Hölle.

Anonym

Eine kleine Geschichte dazu aus dem wirklichen Leben:
Herr F. hat seit knapp sieben Jahren eine Partnerin –
nein, nicht irgendeine. Bea, wie ich sie nennen will, ist
langbeinig, hat einen Wuschelkopf voller dunkler Haare,
grosse braune Strahleaugen, einen jugendlichen Körper
in Konfektionsgrösse 38 mit Rundungen an den richtigen Stellen. Dazu ist sie nett, freundlich, liebevoll, an-
schmiegsam und treu, mit anderen Worten, eine Frau,
nach der sich viele Männer sehnen würden.
Herr F. sieht das genauso, aber irgend etwas fehlt ihm
doch. Er grämt sich, dass Bea nicht rund um die Uhr für
seine Sexspiele und Spezialwünsche zur Verfügung steht.
Zu gerne würde er sie täglich in einem Quickie verna-
schen, ob im Wohnzimmer, Bad oder in der Küche, aber
sie muss erst einkaufen, spülen, waschen, bügeln und
kochen für ihn.
Auch hat sie nicht immer Lust, mit ihm in die Sauna zu
gehen und dort ein Augenschmaus für all seine Kollegen
zu sein. Sie mag es auch nicht, wenn er in der Öffentlich-

keit mit seiner Potenz prahlt oder damit, dass er ja immer könne und wolle und welch ausgefallene Stellungen er bevorzuge – und wie oft es ihr dabei dann käme.

Völlig brach seine Welt aber zusammen, als er Bea zum wiederholten Male in einen Swingerclub mitnehmen wollte, um dort vor aller Welt mit ihr zu vögeln oder gar mit anderen Mädels und ihr als Zuschauerin. Oder aber sie mit einem anderen Kerl, und er könnte dabei zuschauen. Für ihn eine besonders prickelnde Vorstellung. Als Bea ihn abblitzen liess und ein solches Ansinnen empört von sich wies und ihn zugleich des gemeinsamen Schlafzimmers verwies, beschimpfte er sie als prüde Kuh, als bescheuerte Provinzschnecke und als verklemmte alte Vettel. Bea war durch sein Verhalten und seine Worte tief verletzt, sie hatte die Vorzeichen seiner Sexsucht gar nicht erkannt und damit auch nicht früher den Ausstieg aus dieser Suchtverstrickung geschafft.

Nicht jeder Sexsüchtige ist Dauergast im Puff oder surft täglich auf den Pornoseiten im Internet. Wer aber seine Beziehung aufs Spiel setzt, um unbedingt mit seiner Freundin an den FKK- Strand gehen zu wollen, oder wer sonstwie Sex mit Liebe gleichsetzt, der ist zumindest gefährdet, sexsüchtig zu sein.

Was suchen Menschen durch den Sex?

Für die meisten Menschen ist Sexualität eine der wenigen Möglichkeiten, wirkliche Nähe zu einem anderen Menschen herzustellen. Intime Beziehungen sind reizvoll, weil wir dabei einander in aller Nacktheit begegnen können und trotz all unserer Fehler oder Mängel vom anderen gemocht, begehrt und angenommen werden.

Zudem geht Sex in den meisten Fällen mit Berührung einher, mit Streicheln, Zärtlichkeit und Wärme, was lustvoll, beglückend und entspannend erlebt wird.

Sex kann uns über den Alltag hinausheben, kann dazu beitragen, dass wir unsere Sorgen und Nöte vergessen, dass wir entspannen können, gar meditative Erlebnisse haben. Es kann uns im besten Sinne »Hören und Sehen« vergehen, wenn uns die Lust hinwegträgt, manch einer meint sogar, auf »Wolke 7« zu schweben, wenn er der Erotik frönt.

Sex ist zudem eine Möglichkeit, die Einsamkeit nicht mehr so schmerzlich zu spüren, indem man mit einem anderen »verschmilzt«.

Sex ist aber auch eine Möglichkeit, sich selbst bestätigt zu bekommen. Wer als Liebhaber gut und erfolgreich ist, erhält als »Lohn« eine zufriedene und befriedigte Partnerin, die einen anlächelt, einen lobt und bestätigt darin, dass man selbst doch ein toller Typ ist (und umgekehrt!).

Sex kann Innigkeit und Herzensbindung schaffen, er kann die Grundlage sein dafür, dass man als Paar zusammenbleiben will, heiratet und sogar Kinder in die Welt setzt.

Sex ist die Grundlage von Fortpflanzung, sieht man einmal von den wenigen Beispielen ab, wo Embryonen im Reagenzglas gezeugt wurden und erst danach zum Weiterwachsen in eine Gebärmutter eingepflanzt wurden.

Sex kann in Beziehungen auch Währung sein. Du bekommst von mir Sex, ich bekomme von dir Haushaltsgeld, materielle Sicherheit und gesellschaftliche Anerkennung, so prägnant und böse hat es vor vielen Jahren Esther Vilar formuliert in ihrem Buch »Der dressierte Mann«.

Welche Anzeichen deuten auf Sexsucht?

Immer dann, wenn der gesamte Alltag sexualisiert ist, wenn viele banale Beschäftigungen sexuell umgedeutet werden oder mit sexuellen Anspielungen versehen werden, dann sollte man hellhörig werden.

- Wenn ein Mensch grundsätzlich davon ausgeht, dass Sex das Wichtigste in einer Beziehung ist – und Sex als den überwertigen »Liebesbeweis« auch ständig vom Partner einfordert.
- Wenn ein Mann von einer Frau zur anderen wechselt und jede Frau nur als Sexobjekt wahrnimmt, nicht aber als Menschen mit noch anderen Bedürfnissen.
- Wenn ausser Sex kein Interesse am anderen vorhanden ist und auch keine innere Bindung angestrebt wird.
- Wenn jeder Tag darauf ausgelegt wird, ob Sex möglich ist – oder falls nicht, die Stimmung schief hängt.
- Wenn stundenlang im Internet gesurft wird, um noch bessere und anregendere Pornos zu entdecken – während die Arbeit leidet und aufgeschoben wird.
- Wenn Hobbys aufgegeben werden und der Freundeskreis vernachlässigt wird, um noch mehr Zeit für Besuche im Sexkino oder der Stripperbar zu haben.
- Wenn das gesamte Denken nur noch darum kreist, wann man den nächsten Sex haben kann.
- Wenn Arbeitskollegen den Menschen meiden, weil er die Kollegen ständig »mit den Augen auszieht« oder anzügliche Bemerkungen macht.
- Wenn ein Mensch sich Sexpartner sucht, die nach allgemeinem Verständnis »abwegig« sind, so wie kleine Kinder oder Tiere.
- Wenn Sex losgelöst von jeglicher Ethik oder Moral vollzogen wird und wenn dabei auch körperliche oder

seelische Schmerzen des Sexobjektes nicht nur billigend in Kauf genommen werden, sondern sogar noch nicht einmal angedacht werden.

- Wenn die Partnerin oder der Partner nur noch konsumiert wird und Sex wie eine Ware gehandelt wird, käuflich, aber ohne jede Verantwortung.

Wie könnte ein suchtfreier Umgang mit Sex aussehen?

Es ist völlig unbestritten so, dass Sexualität die »schönste Nebensache der Welt« ist.
Sexualität gehört in jedem Lebensalter (natürlich in unterschiedlicher Ausprägung) und in allen Kulturen zu den elementaren Grundbedürfnissen eines Menschen. Nach Nahrung, Trinken und Schlafen ist sie einer der wichtigsten Faktoren, um sich seelisch »rund« zu fühlen – weit vor den Bedürfnissen nach Arbeit, sozialer Anerkennung, Karriere, Geld oder sonstigen »höheren« Kulturgütern.

Weil Sex aber so elementar ist und weil man dem »Suchtmittel« ähnlich wie beim Essen oder Trinken so schwer entgehen kann, ist auch hier ein besonders behutsamer Umgang und eine grosse geistige Klarheit vonnöten, um die richtige Wertigkeit zu erkennen und zu leben.

Natürlich hat es in allen Kulturen und zu allen Zeiten auch Menschen gegeben, für die Sexualität kein Thema war und die freiwillig darauf verzichtet haben. Mönche, Eremiten und »Erleuchtungsuchende« haben sich zu allen Zeiten schon entschlossen, den »sündigen« Trieben des Unterkörpers zu entsagen und statt dessen ein rein geistiges Leben voller Gebete, Kontemplation und Meditation zu führen.

Interessanterweise gab und gibt es auch eine Gegenströmung, die nämlich behauptet, dass gerade der richtige Sex ein ziemlich gut geeignetes Mittel wäre, um schnell und lustvoll zur Erleuchtung zu kommen. Im indischen Tantra, im Isiskult wie auch im »Manuskript der Magdalena« und anderen Werken ist davon die Rede, dass die Beherrschung und Umwandlung der mächtigen Sexualenergie ein hervorragendes Werkzeug wäre, um den feinstofflichen Körper derart mit Energie aufzuladen, dass selbst »Wunder« möglich wären.

Vor diesem Hintergrund gibt es für viele Menschen natürlich viele gute Gründe, um Sexualität zu wollen und sie zu begehren. Sexuelle Ekstase scheint gerade für Männer eine Möglichkeit zu sein, um Stress abzubauen und sich an der Magie des Weiblichen zu laben und zu nähren. Frauen haben neben dem Erlebnis des Orgasmus durch die Erfahrungen von Schwangerschaft und Geburt weitere Möglichkeiten, sich selbst ganz ursprünglich und eigentlich zu erfahren und zu spüren. Darum gibt es nach meiner Erfahrung auch mehr sexsüchtige Männer als Frauen.

Ich möchte allerdings nicht unerwähnt lassen, dass es auch Frauen gibt, die einen süchtigen Umgang mit Sex pflegen. Nicht wenige Frauen »konsumieren« Sex mit ständig wechselnden Partnern, andere arbeiten im Sexbusiness, sei es als »Schauspielerin« in Sexfilmen oder Pornos, sei es als Prostituierte oder Animierdame, sei es als Callgirl beim Telefonsex, überall hier wird Sex als

Ware gehandelt und nicht mit Nähe, Intimität und Sympathie verknüpft.

Zum suchtfreien Umgang mit Sex gehören nach meiner Erfahrung mehrere Faktoren:
1. Freiwilligkeit auf beiden Seiten
2. Akzeptanz der Persönlichkeit des Partners
3. Geborgenheit und Sicherheit
4. Bewusstheit der Bindung, die durch Sex entsteht

Was meine ich damit?

Zu 1. Was auch immer zwei Menschen miteinander im Bett oder sonstwo veranstalten – solange beide dies freiwillig und mit Vergnügen und im gegenseitigen Einvernehmen tun, ist es in Ordnung. Solange keiner der beiden Partner etwas tut, um sich damit Vorteile zu erschleichen oder Nachteile zu vermeiden, ist die Balance gewahrt. Vorteile durch Sex zu bekommen, kann immer noch in Ordnung sein, sofern sich beide Partner darüber einig sind. Wenn ein Partner für einen bestimmten Liebesdienst einen Nerzmantel spendiert, ist das okay, sofern der andere Partner diesen Liebesdienst gerne verrichtet. Wenn aber der gleiche Liebesdienst nur deshalb gewährt wird, um die sonst folgenden Prügel oder den Ehekrach zu vermeiden, dann ist es nicht mehr in Ordnung.

Zu 2. Wenn einer der beiden Partner etwas nicht möchte, dann muss dies akzeptiert werden. Es darf dann nicht versucht werden, denjenigen mit »List und Tücke« umzustimmen, zu nötigen oder zu erweichen.

Zu 3. Zum Sex gehört eine Grundhaltung von Offenheit dem Partner gegenüber, verbunden mit Geborgenheit nach aussen. Es ist der Intimität nicht zuträglich, wenn geheime Kameras aufgestellt werden und das erotische Treiben plötzlich als Video im Internet auftaucht, um einmal einen extremen Vertrauensbruch zu kennzeichnen. Es ist dem Sex aber auch nicht förderlich, wenn das, was sich zwischen zwei Menschen abspielt, ungefragt zum Thema einer Stammtischrunde wird. Wie auch im Umgang zwischen Anwalt und Klient muss sichergestellt sein, dass beide Partner sich der Integrität sicher sein können und nicht blossgestellt werden.

Zu 4. Wann immer zwei Menschen miteinander Sex haben, entsteht auf der feinstofflichen Ebene eine Bindung, die von hellsichtigen Menschen in Form einer Schnur gesehen werden kann und die stärker und kräftiger wird mit jedem weiteren Kontakt miteinander.
Trivial formuliert, begebe ich mich in eine Bindung mit einem Menschen, sobald ich mit ihm oder ihr Sex habe. Will ich nun keine Bindung, dann sollte ich auch keinen Sex mit dem Betreffenden haben – oder zumindest hinterher ganz bewusst diese energetische Bindung wieder lösen und mich von diesen »Fäden« befreien.
Dass Sex, ob wir wollen oder nicht, Bindung schafft, wird an all den Fällen klar, in denen Menschen von ihren Partnern schlecht behandelt wurden, aber dennoch dem »guten Sex« mit diesen Partnern auch nach Jahren noch nachtrauern – oft gegen jede vernünftige Überzeugung.

Arbeitssucht

Wer immer strebend sich bemüht, den können wir erretten.
Goethe, Faust II

Arbeit ist das beste Mittel gegen Verzweiflung.
Sir Arthur Conan Doyle

Arbeitssucht gehört von der Definition nicht zu den stoff-gebundenen Süchten, sondern zu den Verhaltenssüch-ten. Weil Menschen der modernen Zeit jedoch für ihren Lebensunterhalt arbeiten müssen (das Privatisieren der Lordschaften können sich heutzutage nur noch wenige leisten), ist die Grenzziehung zwischen Arbeit und Freu-de daran und dem Abdriften in die Arbeitssucht nicht ganz einfach.
Zudem gilt ein Mitarbeiter, der sich mehr Mühe gibt als die anderen und fleissiger ist, immer noch als das Wunschobjekt vieler Arbeitgeber.

So ist es schon schwierig, einen Arbeitssüchtigen auf Anhieb zu erkennen.
Weit häufiger kommt es vor, dass ein ehemals in norma-lem Masse Arbeitender nach und nach durch verschiede-ne Umstände seines Lebens in die Sucht hineinschliddert.

Aus dieser Sucht wieder herauszukommen, ist nicht ganz einfach, denn eine totale Abstinenz kann es nicht geben (es sei denn, man ist superreich oder hat einen extrem begüterten Partner, so dass der tägliche Brot-erwerb nun wirklich kein Thema mehr ist).

Was sind die Bedingungen für Arbeitssucht?

Wenn Menschen in einer Familie aufwachsen, die sich über Leistung definiert und ein hohes Mass an Ehrgeiz hat, dann wird diese Haltung natürlich auch in die Erziehung der Kinder einfliessen. Die Eltern werden sie zur Arbeit anhalten, weil nur der, der etwas »schafft« auch ein wertvoller Mensch ist. Faulheit und Müssiggang gelten als verabscheuungswürdige Charaktereigenschaften und sind tunlichst zu vermeiden. Im extremen Drill beim Militär, aber auch in manchen Eliteschulen ist dieses Muster immer noch zu besichtigen. Nur ja nicht faul und träge sein, immer etwas zu tun haben, sich sinnvoll beschäftigen, so lautet das Motto. Manch einer mag sich mit Schrecken daran erinnern, vom übereifrigen Vater selbst am Sonntag früh aus dem Bett gejagt worden zu sein, um nur ja nicht zu »verweichlichen«.

Wer also arbeitet und etwas leistet, wird anerkannt, geliebt, respektiert und geachtet, wer hingegen faul, langsam oder ungeschickt ist und lieber in den Tag hinträumt, dem wird weniger Liebe, Aufmerksamkeit und Zuwendung zuteil.

Liebe gegen Leistung, lautet die Kurzformel, die Menschen in die Arbeitssucht treiben kann.
Ob diese Zuwendung nun in unmittelbaren »Streicheleinheiten« eines geliebten Menschen besteht, im anerkennenden Lächeln des strengen Vaters oder ob es um die Streicheleinheiten im übertragenen Sinne geht, wenn eine Gehaltserhöhung mehr Geld aufs Konto spült, von der Essenz her bleibt die Motivation die gleiche.

Man will sehen und erleben können, dass man etwas wert ist, und in unserer Gesellschaft bemisst sich oft der Wert eines Menschen an seinem Vermögen (ob dies philosophisch und ethisch in Ordnung und berechtigt ist, ist eine komplett andere Diskussion, hier geht es nur darum, die Bedingungen darzustellen, die Menschen in süchtiges Verhalten treiben).

Wenn ein Mensch sich also nicht sicher ist, ob er oder sie allein aufgrund seiner Existenz etwas wert ist und liebenswert ist, wird er oder sie eher versucht sein, sich seines Wertes immer wieder über vermehrte Leistung zu versichern.

Wenn nun noch eine Krise ins Leben dieses Menschen kommt, sei es durch den Verlust des Arbeitsplatzes, den Tod eines geliebten Menschen, eine Scheidung oder eine schwere Krankheit, dann kann der zuvor nützliche Ehrgeiz und der gesellschaftlich gewollte Einsatzwille umkippen in eine Form von Geschäftigkeit, die nicht mehr gesund und sinnvoll ist, sondern Züge von Sucht trägt.

Arbeitssucht kann dann – und dies kommt im obigen Zitat ja auch gut zum Ausdruck – durchaus ein Weg sein, der eigenen Verzweiflung zu entgehen und negative Gefühle nicht mehr spüren zu müssen. Dann »flüchtet« man sich in die Arbeit und betäubt sich so mit etwas, was ja auch von der Allgemeinheit anerkannt und geschätzt wird – der Arbeit.

Zugleich lassen sich die unterdrückten Gefühle aber nicht gänzlich abschotten, und so kann es geschehen, dass der Mensch zwar viele Stunden am Arbeitsplatz verbringt, dort aber wenig konzentriert bei der Sache ist. Als Folge davon kann es vorkommen, dass seine

Produktivität sinkt, er Dinge vor sich herschiebt, eher untätig bleibt, immer wieder frisch anfangen muss, weil er den Faden verloren hat oder aber vor lauter Bäumen den Wald nicht mehr sieht.

Mein Vater, der immer zu den zielgerichteten Kopfarbeitern gehörte, hat einmal einem seiner Vorgesetzten, der bemängelte, dass er am späten Nachmittag nicht mehr in der Firma war (dafür war er schon am frühen Morgen da, wenn der Chef noch selig schlummerte), als Antwort gegeben: »Ich habe der Firma meinen Kopf verkauft, aber nicht meinen Arsch!«

Wenngleich diese Bemerkung in ihrer Treffsicherheit kaum zu überbieten war, passte sie doch nicht ganz in das Raster dieses halbgebildeten Technokraten mit Universitätsabschluss, und er hat sich wenig später mit meinem Vater überworfen und ihn entlassen.

Arbeitssüchtig zu werden ist für all jene Menschen ebenfalls ein Risiko, die ihre Arbeit überwertig »lieben« und sich nichts Schöneres vorstellen können, als immerfort dieser Tätigkeit nachzugehen.

Damit einher geht logischerweise, dass viele andere Bereiche, die in einem Leben eine Rolle spielen könnten, nicht wahrgenommen oder bewusst vernachlässigt werden.

Kein noch so schöner Sommertag kann dann einen Computerhacker von seinem Spielzeug weglocken ins Freie, kein noch so schnuckeliges Treffen mit alten Freunden wird es ihm erlauben, seine Arbeitsroutine zu unterbrechen, kein Konzertbesuch, kein neuer Film im Kino, keine Wanderung durch die Berge wird ihm oder ihr je den »Kick« vermitteln können wie Arbeit, Einsatz, Leistung, Schaffen.

Die Schwaben mit ihrer Mentalität des »Schaffe, schaffe, Häusle bauen« und die Schweizer mit ihrem eingebauten Perfektionschip sind in besonderem Masse gefährdet, der Arbeitssucht zu erliegen. Nie werde ich vergessen, als ich in der Zentralschweiz lebte und dort früh um sieben Uhr aus dem Fenster blickte ins Haus gegenüber: Dort sassen die fleissigen Angestellten längst an ihren Computern und arbeiteten; und wenn ich abends längst ermattet war, sassen sie noch immer dort und hackten fleissig in ihre Tastaturen.

Wer arbeitet, ist immerhin von der Strasse weg und macht während dieser Zeit keinen sonstigen Blödsinn – das ist richtig.

Die interessante Frage ist allerdings, ob das reine Arbeiten wirklich so viel seelische Nahrung liefert, um einen Menschen ringsum zufriedenzustellen.

Zu Beginn einer Arbeitssuchtkarriere ist es wohl in vielen Fällen so, dass mehr Einsatz auch mehr Belohnung erbringt.

In meinem Beruf trifft das sicherlich zu, wenn man eine eigene Praxis eröffnet, Schulden bei der Bank hat und sich möglichst schnell einen sicheren Stamm von Patienten erarbeiten will. Das geht nur, indem man mehr arbeitet als von »nine to five«. Der verstärkte Einsatz für die Patienten, auch nachts und am Wochenende, auch für Hausbesuche oder das Impfen der Kleinkinder im Schlaf, bringt Anerkennung, Geld und emotionale Verbundenheit mit den Patienten.

NUR: Auch der engagierteste Arzt oder die einsatzwilligste Ärztin wird von ihren Patienten immer nur in der Rolle des Doc wahrgenommen, der Mensch dahinter interessiert primär einmal nicht. Das Fachwissen, die Kompetenz, zur Not auch noch die Freundlichkeit oder der Humor ist gefragt, aber können Sie sich vorstellen, dass ein Arzt-Patienten-Gespräch in einer Kassenpraxis danach fragt, ob der Arzt Kummer hat, schlecht geschlafen hat oder am Zwist mit der Schwiegermutter leidet? Sicher nicht!

Ganz ähnlich ist die Rollenzuweisung in anderen Berufen, gleich ob Manager, Lehrer, Architekt, Polizist, Bauarbeiter, Kassiererin etc. Jeder Mensch, der einen Beruf ausübt, hat die Aufgabe, zu entscheiden, ob er oder sie arbeiten will, um zu leben, oder ob er lebt, um zu arbeiten, das ist der kleine, aber feine Unterschied zwischen Arbeit als Berufung und Arbeit als Sucht.

Wie kann der Ausstieg aus dem Hamsterrad gelingen?

Sucht bedeutet immer, dass ich etwas mache, was mein Leben komplett überwuchert und kaum noch etwas anderem den Raum gibt, sich zu entfalten. Auch bei der Arbeitssucht, die oft den modernen Namen »Burn-out« erhält, muss am Anfang des Ausstiegs die Erkenntnis stehen, dass die Art, wie man arbeitet, ein Problem darstellt. Dabei ist es gleichgültig, ob man sich noch in der Phase des gesteigerten Engagements, der Phase des reduzierten Engagements oder in den Phasen befindet, die mit ernsthaften seelischen, körperlichen und sozialen Folgen einhergehen.

Wenn jemand sich und anderen eingestehen kann, dass er süchtig nach Arbeit ist und ohne Arbeit schlimme »Entzugserscheinungen« bekommt, dann kann ihm Hilfe angeboten werden.

Die Entzugserscheinungen können wirklich dramatisch sein: Ohne Arbeit bricht der Mensch in eine grosse Unruhe aus, die keinen Kanal mehr findet. Es kann zu Hitzewellen kommen, zu Kreislaufstörungen, Schwitzen, Frieren, Nervosität, Nägelkauen, Herzklopfen, Durchfall, Kopfschmerzen, Bauchschmerzen, Übelkeit, Schwindel, Schlaflosigkeit –.kurz, alle Symptome hoher Stressbelastung können sich zeigen (und haben in aller Regel keinen schulmedizinisch fassbaren Auslöser).

Was steckt nun hinter dem Stress?

Was hier nicht mehr verarbeitet und ausgeglichen werden kann, ist das überwältigende Gefühl der eigenen Wertlosigkeit. Der Betroffene hat den Eindruck, dass er sich ohne Arbeit, die ihn beschäftigt, ins Nichts auflöse. Das ängstigt und verunsichert ihn so sehr, dass er dieser Erkenntnis um fast jeden Preis entrinnen möchte (am besten mit einem grossen Haufen Arbeit!).

Es ist wegen dieses hohen Spiegels am Stresshormon Adrenalin also auch wenig zielführend, dem Süchtigen nur einfach mehr Ruhe zu verordnen, er kann nicht zur Ruhe kommen, sein Adrenalin verhindert das effektvoll! Es muss in aller Regel also ein anderer Weg eingeschlagen werden, nämlich der der Bewegung. In der Bewegung und Muskelarbeit verbraucht der Körper ganz automatisch das Adrenalin.
Dies ist ein Reflex, den wir noch aus der Steinzeit in uns haben. Wir sind darauf programmiert, entweder zu kämpfen oder zu flüchten, wenn wir uns bedroht fühlen. Weglaufen oder zuschlagen, das ist in uns verankert!

Also sollte ein Arbeitssüchtiger die Bewegung und den Sport für sich entdecken, ihn sich quasi als »Arbeit« verordnen. Damit ist er zum einen in Bewegung und hat damit die Chance, seinen Körper endlich einmal wieder zu spüren, er verbrennt zudem sein Stresshormon und lässt damit den Körper wieder zur Ruhe zurückfinden. Er tut aber auch etwas für seine Fitness, seine Kondition, seine Muskelkraft, seine Beweglichkeit, seine Koordinationsfähigkeit und seine Konzentration. Man muss es nicht gleich »meditatives Laufen« nennen, damit es Effekte bringt. Der kleine Spaziergang nach dem Essen, die kurze Runde auf dem Fahrrad nach Büroschluss, der regelmässige Gang ins Fitness-Studio mit anschliessender Sauna oder Massage, der Sprung ins Schwimmbecken oder den See, das Tanzen mit dem Partner oder das genüssliche Rollschuhlaufen an einer Wiese vorbei – all das kann der erste Schritt zum Ausstieg aus der Arbeitssucht sein.

Daneben sollte sich jeder Süchtige aber auch von Zeit zu Zeit fragen, was er denn wirklich sucht, welche Art von Anerkennung er sich wünscht?
Es kann hilfreich sein, sich mit den eigenen Eltern einmal über deren Lebenskonzepte auszutauschen und sie zu fragen, wieviel Zufriedenheit ihnen daraus erwachsen ist oder was sie gegebenenfalls ändern würden, könnten sie noch einmal beginnen?
Das kann sehr erhellend sein und ermöglicht eventuell auch eigene Kurskorrekturen.
Es hilft auch, die Freunde und Bekannten einmal zu interviewen, was sie denn eigentlich an einem selbst so mögen. Es ist überraschend, welche Eigenschaften den Freunden wichtig sind – oftmals ganz etwas anders als die Leistung. Möglicherweise schätzen die Freunde, dass man aktiv hinhören kann, sie ernst nimmt, ausreden lässt, sachlich bleibt in hitzigen Diskussionen. Oder sie mögen einen, weil man zwar schweigsam, aber im Zwei-

felsfalle souverän sein kann, wo alle anderen »hängen«. Oder sie mögen das Lachen und die Albernheit an einem, die Verspieltheit, den mangelnden »tierischen Ernst«. Oder sie sind gerne mit uns zusammen, weil wir beim Tennis (Mensch-ärgere-dich-nicht, Skat, Mau-Mau oder Bowling) auch gute Verlierer sein können und unser Scheitern gekonnt hinnehmen können, ohne bei den anderen die Schuld zu suchen.

Diese Interviews können einem Arbeitssüchtigen völlig neue Horizonte eröffnen. Er beginnt nämlich, das Leben einmal aus einer anderen Perspektive zu betrachten – von aussen! Und er kann entdecken, dass ihn andere ganz anders wahrnehmen als er sich selbst, dass die Fremdwahrnehmung NICHT mit seiner Eigenwahrnehmung übereinstimmt. So kann er Kurskorrekturen vornehmen.

Ausserdem kann es helfen, zu erkennen, dass die Welt dort draussen mir immer nur das spiegeln und mir geben kann, was auch als Saat in mir schon drin ist.
Wenn ich also mich selbst nicht für liebenswert und wertvoll halte, dann kann auch das extrem hohe Gehalt oder die wundervollste Position innerhalb der Firma mich nicht vom Gegenteil überzeugen.

Jeder Arbeitssüchtige muss sich also die Fragen stellen:
Für wen arbeite ich?
Wofür arbeite ich?
Wozu arbeite ich?
Was ist das Ziel meiner Bemühungen?
Dahinter steht dann auch noch eine andere Frage, die nach dem Sinn meines Lebens.

Die Arbeit sollte meinem Lebenszweck dienen, aber ich sollte nicht zum Knecht der Arbeit werden.

Es ist völlig in Ordnung, mit der eigenen Arbeit etwas bewirken zu wollen auf dieser Welt, es ist auch in Ordnung, dafür Anerkennung in Form von Geld, Macht oder Prestige einzufordern. Aber: Der Lebenssinn kommt NICHT durch die Arbeit.

In diesem Zusammenhang hat mich ein Satz von Herrn Professor Niemz sehr beeindruckt. Nach seinen Experimenten, mit denen er belegen wollte, dass es ein Leben nach dem Tod gibt (oder eben nicht), hat er seine Erkenntnisse dahingehend zusammengefasst, dass wir zu zwei Zwecken hier auf der Welt sind:

1. um zu lernen und uns weiterzuentwickeln – als Körper, Seele und geistiges Wesen. Dazu ist uns die Zeit gegeben, denn das, was ich gestern noch nicht wusste, kann ich morgen wissen.
2. um Liebe zu erfahren – ebenfalls in all den Aspekten, die uns ausmachen. Dazu wurde uns der Raum gegeben, denn nur im Raum können wir Nähe erfahren oder das schmerzhafte Getrenntsein von anderen, ohne Raum könnten wir die Erfahrung der Liebe nicht machen.

Es bedarf also für ein geglücktes Leben zum einen, dass wir uns selbst die Chance geben, etwas aus unseren Irrungen und Wirrungen zu lernen, zum anderen dürfen wir es lernen, uns selbst zu mögen, anzuerkennen und zu lieben, so wie wir sind (und nicht, wie wir meinen, sein zu müssen).

Aus eigener Erfahrung darf ich dazu sagen, dass sich dies nicht von heute auf morgen lernt, aber wenn ich einmal erkannt habe, wo ich selbst die Hebel ansetzen kann, um mich zu »entschleunigen« und mit meinen Kräften besser zu haushalten, dann kann ich darin immer besser werden, und schliesslich gelingt es fast mühelos.

Fernsehsucht/Internetsucht

Ich glotz TV, ich glotz TV – ist alles so schön bunt hier ...
Nina-Hagen-Song

Diese beiden Formen von Suchterkrankung sind relativ
jung, das Fernsehen gibt es hierzulande erst seit den
Fünfzigerjahren, das Internet erst seit den späten
Achtzigern. Beide Suchtformen sind nicht materiellen Charakters,
d.h., es werden keine Substanzen konsumiert, sondern
virtuelle Bilder. Die Wissenschaftler nennen sie daher
auch »Verhaltenssüchte«.

Sie sind dadurch gekennzeichnet, dass ein daran leiden-
der Mensch den Grossteil seiner Zeit vor der »Flimmer-
kiste« verbringt und sich die dort gezeigten Bilder, Filme
und Informationen »reinzieht«. Zugleich wendet er immer
weniger Zeit auf für Essen, Trinken, Körperpflege, andere Interessen, Kontakte zu anderen Menschen, Bewegung, Sprechen usw.

Der Fernsehapparat bzw. der Computer und das Internet sind der einzige Kontakt zur Aussenwelt und oft auch
die einzige Informationsquelle, wie die Welt wirklich
funktioniert.
Dementsprechend gross ist auch das Risiko, dass die
Macht der bewegten Bilder die Wirklichkeit falsch, ver-
zerrt oder in manipulativer Art und Weise darstellt und
so Meinungen prägt und Gehirne beeinflusst.

Es ist aus Forschungen bekannt, dass beim Betrachten
der Fernseh-, Video- oder Internetfilme die natürlichen

Augenbewegungen unterbleiben und wahrlich »geglotzt« wird, mit starrem Blick und fehlenden Bewegungen, die auch nicht mehr vom Gehirn abgebildet werden können. Die Bilder sind einfach zu schnell, als dass unser Gehirn ihnen noch folgen könnte, folglich erstarren auch die Augen und »schalten ab«.

Aber nicht nur diese schalten auf »Sparflamme«. Auch der Stoffwechsel wird beim Fernsehen (und gleiches gilt fürs Internet) auf ein so niedriges Niveau heruntergefahren, dass wir selbst beim Schlafen noch mehr Energie verbrauchen als beim Fernsehen!

Wen wundert es da noch, dass die Generation der »Fernsehkinder« immer dicker und kränker wird.

Nun könnte man diese negativen Effekte des Fernsehens mit einem Mehr an Bewegung problemlos wettmachen, aber ach, der Fernsehsüchtige sehnt sich nicht nach Bewegung, er könnte ja die eine oder andere Serie (Doku, daily soap oder Krimisendung) verpassen und wäre dann nicht mehr auf dem laufenden, was nun der »CSI«, »Dr. House« oder die »Desperate housewives« sich so alles an neuen Feinheiten haben einfallen lassen.

Warum sollte man das Haus verlassen, wo einem doch per Mausklick das Wissen der gesamten Menschheit zur Verfügung steht?

Wozu den Körper trainieren, wo es doch nur einiger Tastendrucke bedarf, damit einem die schönsten Frauen in den verführerischsten Posen optisch ins Wohnzimmer flattern? Wozu sich um Erfolg in der Welt bemühen, wo man doch mit einem beweglichen Daumen in der virtuellen Welt in fast jede Rolle schlüpfen kann? Wozu sich um Kontakt mit wirklichen Menschen bemühen, wo man doch in jedem Chatroom sorglos und unbehelligt flirten kann und dabei keinerlei Rücksichten nehmen muss und noch dazu keiner etwas von der eigenen Schüchternheit mitbekommt? Wozu sich »in echt« zeigen, wo es doch gelingt, aus jeder grauen Maus per Photoshop eine hinreissende Beauty zu zaubern? Warum der wahren Welt begegnen wollen, wo diese doch so schnöde hinter all dem zurückbleibt, was auf Zelluloid gebannt werden kann?

Hinter diesen Fragen steckt das, was Menschen in diese Sucht führen kann – die Furcht vor der wirklichen Welt, gepaart mit Neugier, Wissensdurst, dem Bedürfnis nach Abwechslung oder Ablenkung und dazu ein grosses Bedürfnis nach optischen Reizen, um das unruhige Gehirn zu »füttern«.

Unzweifelhaft ist unsere Welt durch die neuen Massenmedien sehr viel schneller geworden, dazu vernetzt mit allen Teilen der Welt. Was früher langwierige und gefährliche Expeditionen notwendig machte (man denke nur einmal an das Buch von Jules Verne »In achtzig Tagen um die Welt« oder an die Berichte über die Pyramidenausgrabungen in Ägypten), kann heute per Mausklick oder über die Dokumentationen der BBC problemlos und in Sekundenschnelle ins Haus geholt werden. Die Abenteuer finden nun nicht mehr in der Realität statt, sondern nur noch im eigenen Kopf.

Was hat dies für Auswirkungen?

Die Wissenschaft kann klar belegen, dass das Lernen an Bewegung geknüpft ist. Das heisst, dass wir, während wir uns bewegen, Informationen deutlich besser abspeichern können und auch später wieder erinnern, als wenn wir nur bewegungslos passiv konsumieren.

Ein Fernsehjunkie oder Internetsüchtiger bekommt zwar eine Unmenge an Bildern und Informationen geboten, die sein Gehirn überfluten, aber da er dies nicht real erlebt und es ihn auch nicht im wahrsten Sinne des

Wortes bewegt, zieht er keinen dauerhaften Nutzen daraus.

Er »frisst«, aber er wird nicht satt davon. Also muss die Dosis gesteigert werden, es muss »mehr« her, schnellere Bilder, mehr Schnitte, höhere Geschwindigkeit, grösserer Kick, extremere Situationen. Dieser Trend zu immer mehr, immer schneller, immer brutaler kann auch in den Videospielen für die ganz Kleinen und selbst in den Kindercartoons beobachtet werden. Die kleinen Gehirne werden überflutet mit Eindrücken, die sich aber nicht verankern können, weil die reale eigene Bewegung fehlt. Was dann geschieht, ist Ungeduld – sie mögen eigentlich nicht mehr zuschauen, aber die Wucht der schnellen Bilder zwingt sie fast dazu. In der Generation der ganz Kleinen gibt es schon viele, die nicht mehr genügend Geduld aufbringen, um beim Vorlesen hinzuhören und den allmählichen Gang einer Geschichte nachvollziehen, das Gelesene demnach in eigene innere Bilder zu übersetzen. Damit entwickelt sich auch kaum noch eigene kreative Phantasie – immer früher und immer intensiver wird Anregung von aussen eingefordert, und weil die Eltern in der Rolle der Entertainer für ihre Kids überfordert sind (meiner Auffassung nach ist das auch nicht ihr Job!) parkt man die Kinder dann immer öfter und für immer länger vor dem Fernseher – mit den oben schon beschriebenen Folgen.

Weitere Folgen, die man nun schon bei den Schulkindern sehen kann, sind ein Mangel an Koordinationsfähigkeit, an motorischer Geschicklichkeit, an Beweglichkeit und an Muskelmasse.
Es sollte einen schon nachdenklich machen, dass bereits 40% aller Schulkinder übergewichtig sind und unter

Haltungsschäden leiden – ein Trend, der sich in den letzten Jahren eher noch beschleunigt hat, allen gutgemeinten Präventionsprogrammen zum Trotz.

Die erwachsenen Internetsüchtigen teilen sich nach meinen Erfahrungen in drei Untergruppen:
1. Die Wissenssüchtigen
2. Die Weltflüchter
3. Die Pornosüchtigen

Die Wissenssüchtigen

Sie sind gekennzeichnet dadurch, dass sie das Internet als die allmächtige Quelle für Wissen anzapfen wollen. Sie surfen über alle Seiten, in denen die neusten wissenschaftlichen Erkenntnisse bekanntgegeben werden, sie nehmen teil an den Chats bei z.b. Wikipedia, wo sie anonym genüsslich alles bewerten und zerreissen können, was nicht problemlos in ihr Weltbild passt. Zensur oder ein konstruktiver Dialog ist nicht möglich und auch nicht erwünscht. Jeder kann sich hinter einem Pseudonym verstecken und auf diese Art Aggressionen aller Art ungestraft abfackeln.
Die Internetgemeinde verfügt wegen der Vielfältigkeit des »World Wide Web« über nahezu keine Kontrollmöglichkeiten, um diesem Treiben Einhalt zu gebieten.

All das, was im Internet steht, wird daher als »wahr« angenommen – wichtig scheint ja zu sein, schnell und unkompliziert an alle möglichen Informationen heranzukommen, um in der schnelllebigen Welt einen hauchdünnen Vorsprung vor den Konkurrenten zu ergattern.

Dass Geschwindigkeit nicht alles ist und dass sich vielschichtige Probleme nicht immer auf wenige Schlagworte reduzieren lassen, spielt hierbei leider keine Rolle mehr.

Der Wissenserwerb geht scheinbar schnell. Dass dies zulasten der Tiefe und Gründlichkeit geht, wird verschwiegen und gelangt zunächst einmal nicht ins Bewusstsein.

Auf der Suche nach einer bestimmten Information gelangt der Wissensjunkie sehr schnell vom Hundertsten ins Tausendste – er kann sich auf den vielen Seiten wahrlich verzetteln.

Immer mehr an Detailwissen kann er sich herunterladen, am Ende hat er einen Wust an Papier und sieht dann vor lauter Bäumen den Wald nicht mehr.

Der Blick für das Gesamte, der Überblick geht verloren zugunsten von mehr oder weniger wichtigen Details, die aber für sich genommen keinen Wert darstellen. Erst wenn wir das Puzzle zusammensetzen würden, bekämen wir ein klares Bild. Das kann das Internet aber nicht leisten, dazu brauchte es den eigenen, kritischen Verstand, der allein abwägen, sortieren und Unwichtiges weglassen könnte.

Genau diese Fähigkeit verlieren die Wissenssüchtigen aber mehr und mehr. Sie ähneln den Jägern und Sammlern der Vorzeit, nur mit dem Unterschied, dass die alten Jäger und Sammler nur das eingesammelt haben, was sie für ihr Überleben dringend benötigt haben. Alles andere wurde gar nicht ins Visier der Aufmerksamkeit genommen.

Die Internetsammler finden sich in einem Zustand der Paralyse wieder. Es gibt so viel und nichts davon befriedigt umfassend, alles muss Stückwerk bleiben, und es

stammt als Wissen und Erkenntnis nicht von einem selbst.
Das führt zu Frustration, zu Unzufriedenheit, zu innerer Leere ohne sinnvolle Alternativkonzepte.

Ein Wissenssüchtiger müsste sich eingestehen, dass nirgendwo im Internet eine Anleitung zum Leben verborgen ist. Er müsste die virtuell verbrachte Zeit abhaken können als »Sammlung von Bruchstücken«, die ihm aber nur dann segensreich sein können, wenn er sie danach in sein Leben einbaut und sie mit Leben füllt. Erkenntnis ohne tätige Umsetzung nutzt nichts. Oder wie schon Goethe es formulierte: Wissen ohne Können ist sinnlos. Können ohne Tun ist genauso sinnlos.

Ein Wissenssüchtiger wird so auf eine Art immer schlauer, er überlädt sein Gehirn mit immer mehr Detailwissen, er scheitert aber dann, wenn es gilt, seine Intelligenz unter den realen Bedingungen der Welt unter Beweis zu stellen.
Die realen Menschen funktionieren nun mal nicht auf Knopfdruck, sie geben ihr Wissen, ihr Können und ihre Persönlichkeit nicht preis, indem man sie »downloadet«, sondern menschliche Kommunikation hat viel mit Bauchgefühl zu tun – der Weg zur Erkenntnis geht oft über den Bauch oder über das Herz.

Rein rational lässt sich die Welt nur in den wenigsten Fällen erfassen, es braucht noch andere Qualitäten dazu. Diese jedoch werden von den Internetjunkies weder gesehen noch trainiert.

Die Weltflüchter

Diese zweite Gruppe der Internetsüchtigen hat ihr Betätigungsfeld in den mannigfaltigen Internetspielen. Für teures Geld kann man sich verschiedene Identitäten kaufen, um in Gestalt eines Kriegers, eines Zauberers, einer Hexe oder eines Aliens am Spiel teilzunehmen. Je länger man überlebt – und dabei möglichst viele andere Spieler virtuell tötet oder ausser Gefecht setzt, um so »wertvoller« wird die eigene Spielfigur.

In diesen Spielen kommt es dazu, dass die Spieler sich sehr stark mit ihren Figuren identifizieren und tatsächlich in manifeste Krisen geraten, wenn ihre Figur getötet und abgeschossen wird. Das Erleben der eigenen Machtlosigkeit und des virtuellen Todes ist offenbar so unerträglich, dass sofort wieder Geld investiert wird, um in einer neuen Figur »weiterzuleben«.

Im Extremfall kommt es zur Ausbildung einer »Parallelwelt«, in der sich der Spieler mehr zu Hause fühlt als in seiner echten.

Man kann darüber spekulieren, was Menschen dazu bringt, diese Suchtform für sich zu wählen. Was ich darüber erfahren habe, geht in die Richtung, dass der Spieler sich in der Realität als zu wenig attraktiv empfindet. Ähnlich wie bei den harmlosen Verkleidungen zu Fasching schlüpft er lieber in die Rolle eines idealisierten Helden. Als dieser kann er sich alle Attribute zuschreiben, die er in Wirklichkeit gerne hätte, und kann so alle seine Allmachtsträume, ungestört durch kritische Fragen anderer, ausleben. Das Spiel ermöglicht ihm, die von der Figur geforderten Eigenschaften zu erfüllen – und er kann immer wieder anfangen, sollte er scheitern. Es kostet ihn nur sein Geld und seine Zeit, er verliert aber nicht das Gesicht gegenüber Menschen in seinem Umfeld.

Was geschieht aber noch? Die virtuelle Welt hat über die schon erwähnte Macht der bewegten Bilder ihre ganz eigene Faszination und zieht ihn in ihren Bann. Wenn jemand Stunden jeden Tag vor dem Computer verbringt, fehlt ihm diese Zeit naturgemäss für andere Tätigkeiten. Die Möglichkeiten, die ein Mensch hat, sich vielfältig zu entwickeln, werden dann auf wenige Fähigkeiten beschnitten – und so reduziert sich das Repertoire an Verhaltensmöglichkeiten und Ausdrucksformen. Es fehlt die Zeit für Sport, für menschliche Begegnungen, für Musse, fürs Lesen, für kulturelle Aktivitäten, für Kommunikation mit anderen, für Innenschau, fürs Reflektieren und Nachdenken; vom Vorausdenken will ich schon gar nicht reden. Auch die Arbeit in der realen Welt wird nur noch als lästige Pflicht wahrgenommen, die einen davon abhält, spielen zu können und dabei endlich der sein zu können, als der man sich selbst gerne sieht.

Inneres Wachstum und Entwicklung braucht aber neben der Fähigkeit zur Eigenbeobachtung auch den Austausch mit anderen, den Input anderer, lebendiger, fühlender Wesen. Der Computer kann diesen Input nicht vermitteln, er bleibt stumm und sagt dem Süchtigen höchstens, wann es Zeit ist, seine Kreditkarte erneut zu belasten. Die virtuelle Identität ist daher brüchig und auf etwas rein Materielles reduziert. Andere menschliche Qualitäten sind nicht gefragt, sondern eher lästig und unerwünscht.

Im gleichen Ausmass, wie ein Internetsüchtiger in der virtuellen Welt versinkt, verringern sich seine menschlichen, sozialen und emotionalen Kompetenzen. Was meine ich damit?

Wer im Spiel nur auf Töten der Gegner, auf Tricks und darauf geeicht ist, andere hereinzulegen und zu übertölpeln, wird im Zusammenspiel mit anderen Menschen so seine Schwierigkeiten bekommen. Welcher Mensch schätzt es schon, vom anderen in eine Feindrolle gedrängt zu werden?

Was kann der Sinn sein, wenn es immer einen Gewinner und einen Verlierer gibt?

Wie sieht die Welt aus, wenn es kein Mitgefühl geben darf, keine Rücksichtnahme aufeinander? Wie ist es um eine Sozialgemeinschaft bestellt, wenn Liebe, Hoffnung und Vertrauen Werte sind, die es nicht braucht?

Wer also im Internet sich selbst auf die Rolle einer »Killermaschine« reduzieren lässt, wird Probleme bekommen, diese Verhaltensweisen positiv in der realen Welt gespiegelt zu bekommen. Er wird zum Aussenseiter gestempelt, er wird als Sonderling betrachtet, als komischer Typ, als »ein bisschen überdreht«. Kurz, er wird nicht in genügendem Masse lernen können, was es zu einem gedeihlichen Zusammenleben mit anderen benötigt.

Traurige Beispiele der schädlichen Folgen der Internetsucht kann man immer wieder in den Polizeiberichten lesen. Sei es, dass Jugendliche sich echte »Pumpguns« kaufen und damit in ihrer Schule Amok laufen, weil sie sich vom Lehrer oder den Mitschülern ungerecht behandelt fühlen; sei es, dass sich schon Kindergartenkinder mit Prügeln bekämpfen, weil das im Cartoon immer so lustig aussieht; sei es, dass die Tötungshemmung bei immer mehr Menschen sinkt und immer häufiger Gewalt ein Mittel der Auseinandersetzung wird.

Vom beruflichen Mobbing bis zu Kampfscheidungen ist es ein weites Feld, und überall warnen die Forscher, dass die Gewaltspiele im Internet einen Teil des Auslösers darstellen.

Die Pornosüchtigen

Prostituierte haben seit Menschengedenken Hochkonjunktur, nicht zuletzt wegen ihrer Fähigkeit, dem Mann genau das zu bieten, was er will – die schnelle Nummer ohne Verpflichtung und ohne das übliche emotionale »Gedöns«, das ihm seine Frau abverlangt.

Ich vermute, dass es aus ähnlichen Gründen so eine Unmenge Pornofilme gibt, die sich inhaltlich (fast) ausschliesslich an die Herren der Schöpfung wenden.

In diesen Filmen sind die Frauen meist als dauergeile, aber unterwürfige Geschöpfe dargestellt, die nur eins wollen: Sex, auf alle denkbaren Arten, ohne viele Worte, nur rammeln, bumsen, ficken, vögeln, genommen werden. Von den Männern sieht man meist nur den Penis, von den Frauen natürlich den Unterleib in Grossaufnahme, manchmal auch das Gesicht – optisch wirksam direkt der Kamera zugewandt, mit einem verzückten Gesichtsausdruck, während die betreffende Dame gerade ein besonders stattliches Exemplar »Schwanz« oral in Arbeit hat. (Nur eines gibt es in diesen Filmen nicht zu sehen: echte, innige Küsse – denn dabei würde neben dem Genital auch die Seele der Frau erregt, und das passt nicht in einen Porno!)

Die Handlung in den meisten Pornos ist nicht existent, doof oder langweilig, aber sie befriedigt den Hunger nach optischen Kicks. Im übrigen reagieren Frauen auf die Optik von Pornos genauso stark körperlich wie Männer. Nur: Die Verknüpfung dieser körperlichen Erregungszeichen mit der emotionalen oder erotisch-geistigen Erregung findet bei Frauen (meist) nicht statt.

Die pornosüchtigen Männer sind offenbar »einfacher« gestrickt. Optischer Reiz triggert das Kino im Kopf und dient dazu, anschliessend mit noch mehr Lust Hand an sich zu legen.

Ein weiteres Motiv ist schlicht die Lust am Konsumieren. Auf Knopfdruck kommen attraktive virtuelle Frauen angeflogen, und Mann kann sich der schönen Illusion hingeben, dass er selbst es ist, der nun diese Frauen auf die höchsten Gipfel der Erregung befördert und sie zum lustvollen Stöhnen bringt. Hinterher schaltet man ab und nimmt sich noch ein Bier aus dem Kühlschrank, ungefähr genauso unbeteiligt, wie man sich die Zähne putzen würde.

Weiterhin dienen Pornos dem Kontrastprogramm zu einer frauenlosen Realität – vor allem für allein lebende Junggesellen, die nicht aussehen wie Brad Pitt oder George Clooney. Sie tröstet der pornographische Kick mit attraktiven Frauen darüber hinweg, dass sie jede Nacht allein ins Bett gehen müssen.

Pornos richten sich aber auch an den Voyeur in uns – an den, der gerne einmal zuschauen möchte, wie es andere treiben, und dadurch Lust bekommt. Beim Zusehen muss man sich nicht selbst einmischen, kann neutral draussen bleiben, man kann aber auch innerlich mitspielen, hat aber in jedem Falle die Kontrolle. Bei einem Porno zuzusehen, gibt Männern zudem die Möglichkeit, ohne die Angst, zu versagen, zumindest in ihrem Kopf einmal etwas anderes auszuprobieren und zu beobachten, ob es ihnen wirklich Lust und Freude macht. Mit der realen Partnerin zu experimentieren und dann festzustellen, dass die neue Stellung oder die Variation nicht so prickelnd ist, wäre deutlich peinlicher.

Für junge Männer ohne erotische Erfahrung sind Pornos quasi eine Art »Gebrauchsanweisung für Frauen« und stillen auch ihre Neugier auf »Wie geht denn Sex, und was gibt es dort zu sehen und zu tun«?

Die Jungmänner lernen dabei sicherlich einiges über die erogenen Zonen von Frauen und über deren Anatomie (was sicherlich nicht verkehrt ist, wenn man bedenkt, dass noch nicht einmal alle Frauen wissen, was ihre Klitoris ist und wo sie sich befindet).

Was sie aber aus derlei Filmen nicht lernen und was dann in der Realität oft zum Drama ausartet, ist, was Frauen sonst noch von ihren Männern und Freunden wollen und wie sie sind und im wirklichen Leben reagieren.

Dass es in der Realität oft nicht funktioniert, das in Pornos erworbene Wissen anzuwenden, hat der Film »American Pie« bissig aufs Korn genommen. Die Hauptdarsteller dieses Films – allesamt sexuell unerfahrene Highschool-Schüler – werden unter anderem beim Onanieren mit Apfelkuchen gezeigt, eine der schönsten Szenen ist aber, wie einer der Helden versucht, im Auto sein Mädchen mit den Worten »Du könntest mir doch einen blasen« zu erotischen Aktivitäten zu animieren – und sich eine schallende Ohrfeige einfängt!

Gerade schüchterne oder gehemmte Männer aller Altersklassen können jederzeit über ihr Suchtmittel verfügen und lernen so unter Umständen nicht, eine reale Frau anzusprechen oder sich ihr zu nähern.

Wie jede Sucht kann auch die virtuelle Sexsucht das ganze Leben überwuchern und alle anderen Interessen zurückdrängen. Die suggestive Kraft dieser Bilder ist nicht zu leugnen.

Zudem kann es wie bei jeder anderen Sucht dazu kommen, dass man eine höhere Dosis benötigt. Das kann heissen, dass immer öfter geschaut wird oder aber dass die »normalen« Hardcorepornos nicht mehr genügen. Manchmal geht Man(n) dann auf Sadomasofilme über, auf allerlei exotische Spielchen, auf Vergewaltigungsfilme oder Gruppensexfilme – und wenn das dann auch nicht mehr reicht?

Natürlich sind viele Männer enttäuscht, frustriert und leiden still, wenn ihre Freundin oder Frau nicht das gerne tut, was die Darstellerin im neuesten Pornostreifen scheinbar willig macht – an dieser Stelle, meine Herren, sei einmal darauf hingewiesen, dass viele dieser Damen unter Drogen stehen, wenn die Filme gedreht werden, dass sie zudem für ihr Tun Geld bekommen und manche seelisch-körperlich auch so am Ende sind, dass sie (fast) alles mit sich machen lassen.

Ich weiss von vielen Männern, dass sie heimlich Pornos schauen, sei es im Büro, in einschlägigen Kinos oder bei Freunden (statt des angekündigten Skatabends), nur mit ihren Frauen oder Freundinnen sprechen sie nicht über ihre heimlichen Wünsche.

So entstehen im Kopf einerseits die Bilder der perfekten Frauen, andererseits sind da die vielen unerfüllten Wünsche, die den Männern den Blick auf ihre realen Frauen verstellen.

Gar nicht so selten resultiert die Erregung im Bett dann mehr von den inneren Bildern als von der Frau, mit der er da gerade Sex hat, und im Endeffekt hat er sie dann mit der »Phantasiefrau« betrogen, weil sich seine Lust nicht aus der »echten Frau« speist.

Wie kann man aus der Traumwelt wieder aussteigen?

Im Prinzip ist diese Frage recht einfach zu beantworten: genauso wie ich in die Sucht eingestiegen bin, nur umgekehrt. Das bedeutet für den Pornosüchtigen zunächst einmal, dass er wieder klar zwischen realer Welt und virtueller Scheinwelt unterscheiden lernt. Da dies aufgrund der Suchtmechanismen natürlich nicht nur über Willenskraft und kopfgesteuert zu machen ist, muss als erste Hilfe zunächst gelten: weg vom Computer, hinaus in die Natur!

Jemand, der den Traumbildern auf der Mattscheibe verfallen ist, muss sich erneut dem realen Leben stellen und seine Sinne an dem eichen, was ist. Dazu gehört, bewusst zu sehen, zu riechen, zu schmecken, zu hören, zu fühlen, sich im Raum zu orientieren und zu realen Menschen Kontakt aufzunehmen.

Jede Art von Körperkontakt, sei es beim Reiki, der Massage, dem Shiatsu oder auch beim Ballspiel kann helfen, den Bezug zur Wirklichkeit wiederherzustellen. Für pornosüchtige Männer ist es sicherlich auch hilfreich, einmal bei Aktivitäten von Frauen dabeizusein und zu beobachten, wie sie miteinander umgehen, worüber sie sich unterhalten und was sie möchten.

Dafür kann der Sportverein eine Plattform sein, aber auch jedes andere tätige Hobby kann Gelegenheit geben, sich mit dem anderen Geschlecht zu unterhalten und dessen Wünsche und Bedürfnisse auszuloten.

Daneben geht es aber auch darum, eigene Fähigkeiten kennenzulernen und den eigenen Körper wieder sinnlich wahrzunehmen. Bewegung, Kampfsport, Ausdauertraining jeder Art, Atemübungen, aber auch bewusstes Entspannen und Reisen durch den Körper können hier hilfreich sein.

Wenn es um den realen Kontakt zu realen Frauen geht, sei den ehemaligen Pornosüchtigen geraten, die Augen offenzuhalten und die Frau wahrzunehmen, die da ist. Sie zu malen, zu zeichnen, zu fotografieren, sie zu beschreiben und dabei zu liebkosen, können Wege sein, ihr Bild und die mit ihr verknüpfte sinnliche Wahrnehmung im Gehirn zu verankern. So kann nach und nach ein bewussterer und näherer Bezug zur Wirklichkeit geschaffen werden, der dann auch die Flut der bewegten Bilder überflüssig macht.

Am allerschönsten geht es, wenn ein gutes Vertrauensverhältnis zu einem real existierenden Partner vorhanden ist. In Gesprächen, Körperübungen und Entspannungssessions kann dann auch über Ängste, Unsicherheiten oder alte seelische Verletzungen gesprochen und diese in einer Stimmung von Vertrauen, Geborgenheit und Zuwendung aufgelöst werden.

All das, was dem Bewusstsein nicht zugänglich ist, kann über Hypnose, Energiebehandlung, Verhaltenstraining oder Meditationstechniken angegangen werden.
Wie bei jeder Suchtform sollte am Anfang der Behandlung das bewusste Eingeständnis stehen: Ja, ich bin süchtig, verbunden mit dem Wunsch nach Hilfe und Unterstützung.

Mit dem Partner offen über diese virtuelle Sucht zu sprechen und ihm die heimliche Pornosammlung zu zeigen, eventuell gar zu geben, kann ebenfalls ein wichtiger Schritt sein.

Welchen Einfluss hat unsere Kindheit und Jugend auf die Entwicklung von Sucht?

Do as I say, don't do as I do
(Mach es so, wie ich es dir sage,
mach es nicht so, wie ich es mache)
englisches Sprichwort

Wenn wir über Sucht reden, fällt oft das Argument, Sucht sei angeboren oder anerzogen, und damit sei der einzelne ja gar nicht vollumfänglich verantwortlich für sein Verhalten oder Fehlverhalten. In der Tat ist es so, dass es ganze Familiengeschichten von Sucht gibt. Es kommt vor, dass weite Teile der Herkunftsfamilie Suchtverhalten zeigen. Beim Erheben dieser Familiendaten geschieht es nicht ganz selten, dass berichtet wird, dass die Kindheit und die Jugend schrecklich gewesen sei. Zuweilen kommen alte Schrecknisse, wie ein sexueller Missbrauch, eine Vernachlässigung durch überforderte oder lieblose Eltern, ans Tageslicht. Ein andermal stellt sich heraus, dass der Suchtpatient der »Überlebende« ist, während ein Geschwisterkind gestorben ist – an Krankheit, bei Unfall oder durch Selbstmord.

Da sich das Energiesystem in der Kindheit vom Becken nach weiter oben entwickelt, klagen solche frühkindlich Geschädigten oft über Probleme im Bereich Becken/Beine oder über Kreuzschmerzen oder über Verdauungsbeschwerden oder über Nierenprobleme. Störungen der Energie in den frühen Lebensjahren scheint also spätere Symptome im unteren Körperbereich zu begünstigen. So ist es meistens nicht nur die Suchtproblematik, die zum

Thema wird, sondern noch mehr oder weniger zahlreiche andere, mehr körperbezogene Symptome, die ebenfalls gesehen werden wollen.

In der Anamnese geht es darum, zu bewerten, welche Vorkommnisse im Aussen welche Einwirkungen auf Körper und Seele gehabt haben. Wer oder was entscheidet, ob ein Mensch gesund bleibt oder ob er erkrankt und/oder süchtig wird?

Wie bei vielen Dingen im Leben ist es wesentlich, wie viele aggressive Kräfte es gibt und wie gut dagegen unsere Defensive aufgestellt ist. Nicht nur beim Fussball spielt dies eine Rolle, sondern in zahlreichen anderen Lebenssituationen in gleichem Masse.

Je gravierender das Trauma oder der Schock, der einem widerfährt, desto grösser die Chance, dass dieses Ereignis Spuren in der Seele und im Körper hinterlässt. Je besser und solider aber unser grundsätzliches Vertrauen ins Leben und in unsere eigenen Fähigkeiten ausgeprägt ist, desto besser aber auch unsere Chance, aus Krisen gestärkt oder zumindest unbeschadet hervorzugehen.

So gibt es immer wieder Menschen, die schlimmste Katastrophen scheinbar problemlos überstehen, gesund und humorvoll bleiben, während andere schon bei kleineren Anlässen komplett aus ihrem inneren Gleichgewicht geworfen werden.

Was unterscheidet nun die »Glückskinder« von den »Pechvögeln«? Wie unterscheiden sie sich in ihren Reaktionsmustern?

Zunächst möchte ich einen typischen Pechvogel vorstellen.

Oft sagen solche Menschen, dass ihre Eltern oder der Krieg oder die Vertreibung oder die Arbeitslosigkeit oder die undankbaren Kinder oder der böse Nachbar oder der mobbende Chef oder die zänkische Schwiegermutter an all ihren Süchten schuld seien.

Wenn nur diese oder jene Schwierigkeit nicht wäre, dann könnte es ihnen endlich gut gehen, aber ach, dem ist nicht so.

Diese Menschen sind allen Ernstes der Ansicht, wenn sie nur lange genug darauf beharren, dass das ihnen vermeintlich zugefügte Unrecht gesühnt wird, dann werde es ihnen besser gehen. So dürfen sie sich selbst gar nicht die Erlaubnis geben, die Vergangenheit ruhen zu lassen und einen alten Seelenschmerz heilen zu lassen. Anstelle ihn loszulassen, wird er festgehalten und immer wieder aufgewärmt; mit jeder erneuten Schilderung der Vorgeschichte wird darauf hingewiesen, dass die Sucht und alle daraus resultierenden Folgen ja nur deswegen da sind, weil damals in der Kindheit dies oder jenes vorgefallen ist.

Abgesehen davon, dass unsere Erinnerung trügen kann, weil zwischenzeitlich ja einiges passiert ist und wir die Welt nun nicht mehr aus dem Blickwinkel eines kleinen Kindes betrachten. Solch eine Schilderung lässt ja auch ausser acht, dass wir selbst dafür verantwortlich sind, was wir aus unseren unterschiedlichen und oft schwierigen Startbedingungen ins Leben machen.

Spätestens mit der Volljährigkeit sind wir rein rechtlich für das, was wir tun oder unterlassen, selbst verantwortlich und müssen uns dafür rechtfertigen.

Es mutet schon ein wenig grotesk an, wenn ein 50jähriger seinen beruflichen oder privaten Misserfolg, der mit seinem Suchtproblem vergesellschaftet ist, immer noch seinen Eltern in die Schuhe schieben möchte. Selbst wenn diese noch am Leben sind, haben sie ihre Erziehungsaufgaben längst abgeschlossen.

Was geschieht hier hinter den Kulissen, auf der Bühne der Seele?

In unserem Unbewussten hausen versteckte »Energieräuber«. Dies sind die tiefsitzenden Überzeugungen, wie die Welt beschaffen sei, die Art, wie wir die Welt betrachten, quasi die Brille, durch die wir sehen. Ist diese Brille nun »rosa«, erscheint uns alles in einem freundlichen Licht; ist sie grau oder gar schwarz, so können wir in nichts die positive Seite entdecken.

Es ist nun die Aufgabe jeder sinnvollen und zielführenden Suchttherapie, dahin zu gelangen, dass der Patient den Schatten seiner Seele überwindet, die abgespaltenen Seelenanteile in sich integriert und erkennt, dass hinter jedem Konflikt die gute Lösung schon angelegt ist: Wir müssen sie nur entdecken und dann auch in uns annehmen!

Dieser Selbsterkenntnis stellt sich jedoch der Widerstand des Konfliktes entgegen: Er möchte am alten Verhaltensprogramm festhalten; er will, dass alles so bleibt, wie es bisher war, denn das alte Leiden ist vertraut. Wer weiss, was nachkommt?
So hält uns der Konflikt aber auch in der Position des Opfers fest, so, als hätten wir keine Wahlmöglichkeiten.

Dann bleibt uns in der Tat nur noch übrig, die Umstände zu beklagen und einen Schuldigen zu finden, den wir anklagen können.

Selbst angenommen, wir fänden einen Schuldigen, den wir anhand eines »Indizienprozesses« verurteilen könnten. Würde das irgend etwas von dem, was wir in der Kindheit erlebt oder durchlitten haben, wieder rückgängig oder ungeschehen machen?

Leider nicht.

Wir müssen uns also, ob wir wollen oder nicht, mit der Tatsache auseinandersetzen, dass bereits der gestrige Tag Vergangenheit ist und nicht mehr zurückgeholt werden kann, wie sehr wir uns auch immer bemühen. Ich erlebe Tag für Tag in der Praxis Menschen, die fast nur in ihrer negativen Vergangenheit leben und innerlich nach Rache rufen. Darüber verpassen sie das Hier und Jetzt und bemerken nicht, dass sie dieses Festhalten am Vergangenen unendlich viel Kraft kostet und sie krank macht.

Es scheint dennoch einfacher zu sein, den Schuldigen im Aussen zu suchen, als selbst für sein Denken, Fühlen und Handeln Verantwortung zu übernehmen.
Ich gebe zu, die Gesellschaft macht es uns nicht leicht: Wann immer ich Politikern, Wirtschaftlern, Medizinern oder Medienschaffenden zuhöre, überall der gleiche Tenor: Dies und jenes ist schuld, dies und das läuft falsch, wenn nur dies und das anders wäre, dann.

Nirgends ist die Rede davon, dass wir alle der Staat sind, dass wir einzelnen die Wirtschaft bestimmen, dass unsere Haltung uns selbst gegenüber einen Einfluss hat auf unsere Gesundheit an Leib und Seele, dass wir eine Wahl haben, welche Fernsehsender wir anschalten und welche nicht.

So durchdringt die Botschaft des »Man kann ja eh nichts machen oder ändern« immer grössere Bereiche unseres Bewusstseins.

Ich gebe zu, es ist mühsam, sich diesem bequemen Mainstream immer wieder entgegenzustemmen, aber es ist möglich.

Die »Glückskinder« leben es uns vor! Was machen sie anders als der Rest?

Es ist durchaus nicht so, dass in ihren Lebensgeschichten weniger Dramen passieren als in unseren. Aber: Sie werten und bewerten sie anders.

Hier heisst es dann: Wir haben zwar flüchten müssen, aber dann haben wir uns eine neue Existenz aufgebaut, und es ist uns gutgegangen.

Oder: Wir waren zwar im Krieg, aber wir haben das KZ überlebt.

Oder: Ich habe meinen Job verloren, aber jetzt komme ich endlich zum Schreiben, das wollte ich schon mein ganzes Leben lang.

Oder: Ich habe erkannt, was für ein armseliges Würstchen mein Chef sein muss, wenn er es nötig hat, mich zu mobben.

Oder: Meine Kinder dürfen ihr eigenes Leben führen, ich habe sie ja nicht gefragt, ob sie auf die Welt kommen wollen, als ich ihnen das Leben schenkte.

Oder: Ich habe mich mit meinem Nachbarn ausgesprochen, und wir haben festgestellt, dass wir viele Dinge genau gleich sehen.

Was ist hier anders als bei den Pechvögeln? Die Glückskinder sind der festen Überzeugung, dass sie aktiv etwas ändern können in ihrem Leben.

Sie haben darüber hinaus verstanden, dass die Vergangenheit vergangen ist und dass ich nichts mehr daran ändern kann, keinen einzigen Moment davon!

Sie wissen aber auch, dass, egal, wie schlimm die Kindheit war, sie jetzt vorüber ist.

Jetzt bin ich gross, jetzt kann ich es anders, besser, schöner machen.

Dazu muss ich nur loslassen!

Ich darf loslassen!

Ich darf vergeben und vergessen!

Bewusste Erziehungsregeln
zur Suchtvorbeugung

Wann immer Familien, Einzelmenschen oder Gesellschaften mit dem Problem von Sucht konfrontiert sind, stellt sich nicht nur die Frage, was für diesen Süchtigen konkret getan werden kann, sondern es wirft auch die Frage auf, wie süchtiges Verhalten in der kommenden Generation verhütet werden kann.
Bekanntermassen lernen Kinder und Heranwachsende ja am Vorbild, und wenn einer der Elternteile, im schlimmsten Falle beide, Süchtige sind, ist diese Vorbildfunktion nicht gerade positiv.
Als Erwachsener haben wir aber auch die Möglichkeit, bewusst über unseren Verstand dagegen zu regulieren.

Welche elementaren Qualitäten zum Umgang mit Heranwachsenden sind nützlich?

Die Eltern sollten dem Kind seelische Sicherheit vermitteln, d.h., ein Grundgefühl von Schutz und Hilfe sollte »rüberkommen«.
Hier ist das erste Mal eine kritische Selbstbefragung der Eltern nötig.
Wer als Elternteil selbst unsicher ist und sich mit sich und in sich nicht wohl fühlt (aufgrund von negativen Prägesätzen in der eigenen Kindheit), wird sich schwertun, den Kindern dieses Gefühl vermitteln zu können. Unsere eigenen Prägungen können wir aber auflösen, wenn wir die energetischen Hintergründe betrachten und ins Bewusstsein nehmen, mehr dazu im nächsten Kapitel.
Jedes Kind braucht für seine gute Entwicklung Anerkennung und Bestätigung. Das bedeutet nun nicht, dass

Eltern unkritisch ihre Kinder in den Himmel loben, aber wir sollten ihnen vermitteln, dass sie okay sind, so wie sie sind – und dass wir in der Lage sind, sie für ihre Leistungen angemessen zu loben.

Ein weiterer Punkt, der oft vergessen wird, ist, dass unsere Kinder nicht nur behütet werden wollen, sondern dass sie auch Freiraum für ihre eigene Entwicklung benötigen. Man sollte sie also nicht in Watte packen, sondern ihnen auch etwas zutrauen – zuweilen muss man ihnen auch etwas zumuten, weil das Leben nun mal nicht nur aus Rechten besteht, sondern auch aus Pflichten. Daneben sollten wir einigermassen klare und beständige Spielregeln fürs Zusammenleben ausgeben, an denen sich unsere Heranwachsenden orientieren können. Was gestern galt, muss auch heute gelten, sonst laufen wir Gefahr, dass um Selbstverständlichkeiten immer wieder gefeilscht wird und wir uns in Endlosdiskussionen verzetteln.

Die Eltern oder Erzieher sollten realistische Vorbilder sein, weder Helden noch Tugendbolde, schon gar keine Heiligen, sondern Menschen aus Fleisch und Blut, durchaus fehlbar, aber wahrhaft, ehrlich und mit der Gabe gesegnet, um Verzeihung zu bitten und selbst auch vergeben zu können.

Dass Bewegung in der frischen Luft sowie gesunde, frische Kost ein wichtiger Punkt für ein gesundes Körperbewusstsein und damit ein Puzzlestein in einer suchtarmen Erziehung sein sollte, ist fast schon zu trivial, um es zu erwähnen. Im Zeitalter des »Fast Food«, der Konservennahrung und der Mikrowelle sowie der Chips vor der Glotze halte ich es trotzdem für wichtig, diesen Punkt zu nennen.

Kinder sind soziale Wesen, weit mehr und weit unkomplizierter als die Erwachsenen. Für ihr Gedeihen sind sie auf Freunde angewiesen, die ihre Interessen teilen. Mit ihnen können sie sich stundenlang unterhalten, und auf deren Verständnis können sie zählen. Ein Elternteil wird nicht immer alles verstehen oder nachvollziehen können, was sich im Kopf seines Kindes abspielt – Technomusik oder schrille Tattoos seien hier nur kleine Beispiele. Der beste Freund des Jugendlichen wird derlei jedoch problemlos nachvollziehen können – denn er oder sie ist ja meist gleich alt, hat ein ähnliches Umfeld und ähnliche Vorlieben.

Was wir unseren Kindern noch mit auf den Weg geben können, sind Ziele im Leben. Ausserdem dürfen wir ihnen vermitteln, dass es sich lohnt, von etwas zu träumen, was noch in der Zukunft liegt. Ohne eine träumerische Vorstellung von dem, was noch nicht existent ist, gäbe es keine Häuser, keine Technik und nur wenig echten Fortschritt. Oder wie meine Freundin Carola immer so nett sagt: »Ohne Planung kein Erfolg!«

Sucht und Suche aus energetischer Sicht

*Alle Fehler, die man hat, sind verzeihlicher als die Mittel,
welche man anwendet, um sie zu verbergen.*
La Rochefoucauld

Was sucht ein Süchtiger?
Warum wählt er sich genau diese Substanz oder dieses
Suchtmittel?
Warum zieht ihn gerade diese Droge an?
Was ist der Schwachpunkt, den er vor sich und den anderen verbergen will?
Wo ist seine Achillesferse?

Diese Fragen beschäftigen mich seit über zehn Jahren,
seit ich mich mit Energiemedizin und PSE beschäftige.
In der PSE (Psychosomatische Energetik) legen wir ein
Weltbild und ein Menschenbild zugrunde, das von einem
liebevollen und intakten Kern ausgeht. Dieser Wesenskern wird aber zugedeckt und überlagert von dem, was
wir die Konflikte nennen, die Auswirkungen alter seelischer Wunden, die kompensatorisch bestimmte Verhaltensweisen hervorbringen, die uns schaden können, die
nicht mehr ganz echt und wahrhaftig sind, die aber dazu
dienen sollen, uns vor weiteren Verletzungen zu schützen.
So kann es geschehen, dass ein Mensch, der sich in seinem Kern ängstlich und unsicher fühlt, nach aussen den
grossen Maxen markiert, um über diese Drohgebärde
potentielle Feinde einzuschüchtern und damit einer
Auseinandersetzung aus dem Wege zu gehen.
Das klappt natürlich nur so lange, bis er an einen Stär-

keren gerät, denn dann gibt es wirklich Dresche, und in der Folge wird er noch mehr Schau machen oder sich gar nichts mehr zutrauen. In jedem Falle wird so ein Mensch aber nicht seinen eigentlichen Wesenskern entdecken können, geschweige denn ihn ausleben, so lange, bis der Mensch das dahinterstehende Muster durchschaut hat, es energetisch auflösen und damit ändern kann.

Lange Jahre war die Schulmedizin der Auffassung, ein Süchtiger sei ein willensschwacher Mensch und müsse sich nur ausreichend Disziplin aneignen, und dann sei alles gut. Die Sucht als solche galt als schlecht, ein Makel, ein Schandfleck, etwas, was gemieden werden müsse. Man stellte die Sucht und wie man ihr entgehen könne, in den Mittelpunkt der Betrachtung. Völlig unbeachtet blieb jedoch all das, was an diesem Menschen gut, liebenswert und in Ordnung war, die »ressourcenorientierte Therapie« gab es damals nicht.

In den letzten Jahren hat sich das Bild schon etwas gewandelt – inzwischen beinhaltet das moderne Therapiekonzept von Sucht auch schon Elemente der Maltherapie, kreativer Gestaltung, Tanz, Bewegung, Schreiben, Entspannungsübungen usw. Diese Ansätze sind sehr zu begrüssen, aber auch sie bringen nicht in allen Fällen den erwünschten Erfolg.

Warum ist die Rückfallquote bei Suchterkrankungen so hoch?
Warum sind die Appelle an die Disziplin so erfolglos?

Um diese Fragen beantworten zu können, müssen wir auch die Energie in das Konzept mit einbeziehen, ohne sie geht die Rechnung nicht auf.

Was ist diese Energie?

Die Energie, von der im folgenden die Rede sein soll, ist die Lebenskraft, das lebendige Prinzip, das, was uns von der toten Materie unterscheidet. Energie ist das, was einem Menschen seine Ausstrahlung verleiht, was ihn einzigartig und für andere anziehend macht. Diese Energie verleiht uns Antrieb, Elan und Schwung, sie sorgt dafür, dass wir uns fit und lebendig fühlen, dass wir körperlich gesund bleiben können und Lust am Leben empfinden. Diese Lebensenergie ist es auch, die dafür sorgt, dass unsere Organsysteme gut miteinander arbeiten, sie steuert die Funktionen des vegetativen Nervensystems. Das vegetative Nervensystem ist der Teil unseres Körpers, den wir mit Willenskraft nicht erreichen. Er läuft automatisch ab, autonom, unabhängig davon, ob wir uns darauf konzentrieren oder nicht. Dem vegetativen Nervensystem unterliegt unsere Hauttemperatur, die Verdauung, der Schlaf, der Herzschlag, der Blutdruck, Hunger und Durst, die Regulation der Hormone, das Immunsystem und viele andere Funktionen. Praktisch das einzige, was wir bewusst im Griff haben, ist die Muskulatur des Skeletts, unsere Bewegungen, die Funktion der Schliessmuskeln und die Tiefe der Atmung. Ob wir atmen oder nicht, können wir schon nicht mehr willentlich steuern – zumindest nicht sehr lange.

Wenn aber die ungestörte Funktion dieses Nervensystems von genügend Energie abhängt, dann kann man sich sehr leicht vorstellen, was geschieht, wenn die Energie fehlt:
Die Körperfunktionen laufen aus dem Ruder, die Organe

arbeiten nicht mehr zusammen, sondern vielleicht sogar gegeneinander, der Mensch fühlt sich nicht mehr wohl, er ist aus seiner Harmonie gebracht.

Was kann uns aber Energie rauben?

Das ist eine entscheidende Frage. Unser Bewusstsein gibt uns darauf die Antwort: Arbeit, Anstrengung, alle Mühe macht müde und erschöpft. Das stimmt zum Teil. Sicher ist, dass wir im allgemeinen morgens mehr Energie haben als nach einem anstrengenden Tag (es sei denn, wir sind Nachtarbeiter, bei denen ist es genau umgekehrt).

Aber oft fühlen wir uns auch energielos, nachdem wir mit jemandem einen Streit hatten – wenn unser Boss uns ärgert oder wir frustriert sind, weil uns etwas nicht gelungen ist. Es muss also auch Energieräuber geben, von denen das Bewusstsein nichts weiss.

Manche Menschen sagen es ganz offen: Meine Nachbarin ist eine Nervensäge, meine Kinder saugen mir das Mark aus den Knochen, ich fühle mich von meinem Partner ausgesaugt. Es scheint also so etwas wie »Energievampirismus« zu geben.

Zugleich kann man aber davon ausgehen, dass kein Mensch einen anderen vorsätzlich schädigen will – dieser Energieraub läuft demnach unbewusst ab. Wie kommt es nun dazu, dass uns einige Menschen so nerven, dass wir ihre Gesellschaft meiden wollen, wäh-

rend wir mit anderen ausgesprochen gerne zusammen sind?
Es liegt an der Resonanz!

Resonanz meint, dass wir auf das am besten reagieren, was zu uns passt, ähnlich dem Satz: Gleich und gleich gesellt sich gern. Sind wir also selbst ein musikalischer Mensch, halten wir uns gerne dort auf, wo gesungen oder getanzt wird, wo Musik erklingt, dort lassen wir uns nieder.

Im Negativen funktioniert dies jedoch leider auch: Sind wir misslaunig, geht sicher vieles schief und verstärkt unsere miese Laune – es ist, als zögen wir das Missgeschick förmlich an.
Auch das ist Resonanz!
Oder wenn wir etwas lernen sollen oder uns intensiv mit etwas beschäftigen: Dann begegnet es uns an jeder Ecke.
Ich erinnere mich noch gut an meine Schwangerschaft, niemals zuvor oder danach habe ich so viele schwangere Frauen gesehen wie damals. Sicherlich war das Jahr 1986 nicht das geburtenstärkste des letzten Jahrtausends – aber meine Wahrnehmung war auf »schwanger« programmiert, und gemäss dem Gesetz der Resonanz habe ich die Schwangeren gesehen.

Wer auf eine bestimmte Automarke »abfährt«, der entdeckt sie bei jeder Fahrt – offenbar sind unsere inneren Antennen für bestimmte Dinge vermehrt auf Empfang gestellt. Das bedeutet aber auch, dass wir die Welt genau so wahrnehmen, wie wir innerlich gepolt sind.

Und hier wird es interessant, wenn wir gute Suchttherapien entwickeln wollen – wir müssten wissen, warum wer wie gewickelt ist, was ihm etwas bedeutet und wovor er die grösste Abneigung hat.

Nach inzwischen über zehn Jahren Arbeit mit der PSE haben sich grob ein paar Muster herauskristallisiert, die helfen können, das jeweilige Suchtverhalten dem zugehörigen Charaktertyp zuzuordnen. Wer mehr über die Charaktere erfahren möchte, sei auf die Bücher von Fritz Riemann und Reimar Banis verwiesen (Details im Anhang).

Vereinfacht gibt es vier Grundcharaktere, denen jeweils eine Grundangst zugeordnet ist. Um dieser Angst zu entfliehen, entwickeln sich unterschiedliche Ausprägungen der Sucht.

Die vier Charaktere und ihre Suchtformen

Der Mensch ist entweder für das stets Ursprüngliche bereit, oder aber er weiss es besser.
Martin Heidegger

Grundsätzlich kann jeder Mensch, bestimmte Rahmenbedingungen vorausgesetzt, eine Suchtproblematik entwickeln. Es gibt aber durch den Charaktertyp, dem man angehört, bestimmte Suchtformen, für die jemand anfälliger ist – oder nicht.
Welche Suchtform jemand wählt, ist abhängig von der Grundangst, die ihn bewegt.

Welche Grundängste gibt es?

1. Die Angst, verlassen zu werden und allein zu sein (Suchtzentrum Oberbauch)
2. Die Angst, sich aufzulösen und verschlungen zu werden (Suchtzentrum Becken und Gehirn)
3. Die Angst, sich festlegen zu müssen und damit seine Freiheit zu verlieren (Suchtzentrum Nebenniere und Hypophyse)
4. Die Angst vor Veränderung und damit dem eigenen Untergang (Suchtzentrum Hals)

Jeder dieser Ängste ist ein Charaktertyp zugeordnet.

1. der Depressive, auch Choleriker genannt, dem das soziale Miteinander über alles geht. Er ist häufig sehr aufopfernd für andere da, um nur ja nicht allein sein zu müssen. Er fürchtet ja mehr als alles andere, von

den anderen ausgegrenzt und verlassen zu werden. Seine Süchte liegen im Bereich Alkohol (DIE soziale Droge!), Medikamente (um seine Aufgaben in der Gemeinschaft trotz Erschöpfung doch noch leisten zu können) und Essen (Nahrung wärmt die Seele, zumindest ein bisschen).

2. der Schizoide, auch Melancholiker genannt, ist von Hause aus ein kluger Einzelgänger. Er geht gerne über das Gewohnte hinaus, erkundet neue Wege, die zuvor noch keiner gegangen ist. Er ist ein Forscher und Querdenker, oft verpuppt hinter Schüchternheit und Tölpelhaftigkeit in seinen Umgangsformen. Er fürchtet sich fast generell vor den Menschen, weil er meint, von ihnen bei allzuviel Nähe »aufgefressen« zu werden und dann als Person nicht mehr existent zu sein. Seine bevorzugten Süchte sind alle psychedelischen Drogen (nur weit weg von hier, diese Welt ist kein guter Ort), aber auch die Internetsucht könnte ihn packen (wo gibt es neues Wissen zu entdecken). Eine Sonderform, die Magersucht, findet man bei den schizoiden Frauen, die ihre grosse Willenskraft dazu einsetzen, sich buchstäblich »aus dem Staube zu machen«. Auch die Sexsucht könnte diesen Charakter attraktieren (in der Ekstase neue Welten entdecken).

3. der Hysteriker, auch Sanguiniker genannt, mag keine Grenzen akzeptieren. Aber nicht aus den gleichen Gründen wie der Schizoide, der etwas Neues entdekken will, sondern weil jede Grenze vermeintlich den Hysteriker einengt und seine über alles geliebte Freiheit einschränkt. Jede Regel, jedes Gebot erscheint ihm sogleich ein Gefängnis zu sein. Er sucht also immer nach einer Ausnahme von der Regel, nach dem kleinen Schlupfloch für ihn, gemäss dem Motto: »Corrigez la fortune« – das Schicksal ändern, indem man ein klein wenig schwindelt, trickst, schummelt

oder sich durchwindet. So wird dieser Typ am ehesten zu Amphetaminen neigen, zu Kokain oder anderen aktivierenden Drogen, die es ihm erlauben, noch höher, weiter, schneller oder potenter, kreativer etc. zu sein, zumindest für eine kurze Zeit (die Rechnung dafür zahlen wir später, und das ist noch lange hin). Ähnlichen Gedanken folgt auch seine Spielsucht (es könnte ja sein, dass die Kugel beim allernächsten Mal zu seinen Gunsten fällt) und seine Kaufsucht (es gibt so viele schöne Dinge, und alle will er besitzen, auch wenn sein Gehalt das nicht hergibt – egal, morgen ist ein neuer Tag).

4. der Zwanghafte, auch Phlegmatiker genannt, mag eigentlich keine Veränderung. Am besten soll alles so bleiben, wie es sich bewährt hat – nur keine Experimente, nur keine Überschreitung des Budgets. So wird man bei ihm, wenn überhaupt, die Arbeitssucht finden, das Streben nach noch mehr Perfektionismus, gepaart evtl. mit der Internetsucht (auf der Suche nach der perfekten Lösung für ein Problem, sei es der Autokauf oder die Urlaubsreise).

Was nutzt mir das Wissen um die Suchtdynamiken in der Praxis?

Suchet, so werdet ihr finden, klopfet an,
so wird euch aufgetan.
Bibel, Matthäus 7,7

Natürlich gibt es in jedem Leben Brüche, Dinge, die nicht optimal laufen, Verluste, die man hinnehmen und verkraften muss: der Tod eines nahestehenden Menschen, Arbeitslosigkeit, ein Umzug in eine unbekannte Gegend, Naturkatastrophen, Kriege, Scheidungen, Streitereien in der Familie, Mobbing im Beruf und was der Belastungen mehr sind.

Die entscheidende Frage ist aber immer: WIE verarbeiten wir das, was uns zustösst?
Können wir es verdauen und dann auch wieder loslassen?
Halten wir daran fest, dass uns und nur uns weh getan wurde?
Verharren wir in der Opferrolle?
Suchen wir einen Schuldigen oder sind wir in der Lage, uns selbst in die Verantwortung zu nehmen?

In meiner Arbeit speziell mit den Tablettenabhängigen habe ich oft den Eindruck, als müsse die Tablette dafür herhalten, alles erlittene Unrecht wiedergutzumachen, oder so, als könne man mit dem Schlucken der Pille alles ungeschehen machen und dürfe die Welt durch eine freundliche Brille anschauen. Natürlich müsse man selbst nichts dafür tun, damit alles wieder gut und heile

121

wird – eine kindlich-naive Haltung, die natürlich enttäuscht werden muss.
Die dadurch eintretende Frustration wird dann mit noch mehr Pillen bekämpft. Unbewusst gesteuert wird die Pille immer mächtiger, fast allmächtig, während der Mensch dahinter immer mehr an Macht und Kompetenz einbüsst und damit immer kleiner und ohnmächtiger wird, immer mehr das Opfer der widrigen Umstände.

Was diese Frauen um keinen Preis anerkennen möchten, ist, dass sie selbst es sind, die darüber entscheiden, ob sie mit Hilfe der Pille sich »wegbeamen« aus ihrer Realität oder ob sie endlich einmal anfangen, sich selbst und alle anderen realistisch zu sehen. Sich selbst als Mensch, der wie alle anderen fehlerhaft ist, der altert, der Niederlagen erlebt hat – und die anderen ebenfalls als Menschen, mit ähnlichen Anlagen und Geschichten.
Dann nämlich, aber erst dann, kann die Erkenntnis reifen, dass man selbst nicht ständig Superfrau spielen muss, sondern auch einmal eingestehen darf, wenn es zuviel wird.
Oder dass man heute nicht will, nicht kann, keine Lust hat und auch keine gute Laune und dass zugleich all das okay ist, weil allgemein menschlich.

Dann kann man beginnen, mit den anderen Menschen in eine echte Kommunikation einzutreten, in einen Austausch von wahren und echten Gefühlen, und man muss keine Maske mehr tragen.
Das heisst, man darf sich selbst achten, mit allen Fehlern und Macken, die dazugehören.
Zugleich darf man sich aber auch endlich die Erlaubnis erteilen, die eigene Dynamik voll zu entwickeln, für das zu kämpfen und einzutreten, was einem wichtig und wesentlich ist, offen, klar und auch, wo nötig, aggressiv.

Dann kann sich nämlich die dynamische Energie, die sich immer nach aussen entwickeln will, auch entfalten und zum Wohle des einzelnen wirken. Überall dort nämlich, wo diese dynamische, zupackende Energie unterdrückt wird, muss sie sich nach innen wenden und erzeugt dann Depression, Destruktion, Autoaggression, Sucht und Allergien.

Vom Wortstamm haben Sucht und Suche vieles gemeinsam – nur was suchen die Süchtigen denn eigentlich? Was fehlt ihnen so verzweifelt, dass sie dafür ihr Geld, ihr Leben, ihre Gesundheit, ihren Beruf, ihre sozialen Bindungen aufzugeben bereit sind? Wie kann man sich dem Phänomen Sucht nähern, ohne über die eigenen Vorurteile zu stolpern oder in Hilflosigkeit angesichts der »Kollateralschäden« zu versinken?

Viele Jahre meines Lebens waren mir Suchtkranke unheimlich – ich fürchtete, dass mir wildgewordene Junkies meine Praxis verwüsten könnten. Die Angst vor Rezeptklau durch »Rohypnol«-Abhängige wurde in den medizinischen Medien auch kräftig geschürt. In den letzten zehn Jahren habe ich in bezug auf Suchtproblematiken einige neue Erfahrungen machen dürfen, die mir geholfen haben, nun auch die energetische Dimension des Suchtproblems etwas klarer zu erkennen – und damit auch mit den Suchtkranken anders umgehen zu können.

Ich arbeite seit über einem Jahrzehnt mit der PSE (Psychosomatische Energetik), einer Methode, die in die Therapie nicht nur Körper und Seele, sondern auch die Lebensenergie mit einbezieht. Die Energie, die nötig ist, damit unser Körper, unser Geist und unsere Gefühle ungestört arbeiten können, kann hierbei sogar gemessen werden. Mit dem Reba-Gerät bekomme ich Einblick in den derzeitigen energetischen IST-Zustand, erhalte einen Überblick über die aktuell wirksamen »Energieräuber« und deren »Aufenthaltsort« sowie ihre Grösse und Bedeutung für den einzelnen Menschen.

Ich kann mit der Methode im weiteren auch prüfen, welche Medikamente oder Medikamentenkombinationen für den jeweiligen Patienten am besten wären und kann so meine Therapievorschläge »maßgeschneidert« abliefern. So gibt es weniger Therapieabbrüche wegen Unverträglichkeit, damit werden Kosten gespart, und die Zufriedenheit der Patienten mit der Therapie steigt.

In der PSE erfahre ich aber auch etwas über die Namen der »Energievampire« oder der Konflikte, wie sie im allgemeinen genannt werden. Sie alle haben etwas mit versteckten, uns vom Bewusstsein nicht zugänglichen seelischen Traumen oder Verletzungen zu tun – mit Inhalten, die wir vergessen, verdrängt oder unterdrückt haben, um uns nicht noch einmal dem vermeintlich nicht auszuhaltenden Seelenschmerz stellen zu müssen, der in der Vergangenheit zur Entstehung dieses Konfliktes in der Seele geführt hat.

Die Seele, die jedoch weiter wachsen und Erfahrungen sammeln will, muss sich mit diesen unangenehmen Themen befassen. Tut sie es nicht, rennt sie in die Irre und macht Erfahrungen, die noch schmerzlicher sind – und an deren Ende oftmals ein Vollbild von Depression, Verzweiflung und Sucht steht.
Wie in einem Labyrinth sollten wir nach dem roten Faden suchen, um wieder ans Licht kommen zu können, heraus aus der Verstrickung und den unbewussten Programmen, die uns diktieren, uns wider jede Vernunft und ent-

gegen all unserer Willenskraft immer wieder selbst zu schädigen.

Denn das ist Sucht: ein Verhalten, von dem wir wissen, dass es unvernünftig ist, uns nicht gut tut – und wir machen es trotzdem!

Daher ist es bei jeder Suchttherapie wichtig, dass wir uns und den Patienten die Frage stellen: Wer hat etwas davon, dass wir uns selbst schädigen? Was treibt uns ins Verhängnis?

Ich stelle mir die Konflikte hierbei gerne wie kleine Dämonen vor, die uns als »kleiner Mann im Ohr« sitzen und uns vorgaukeln, so und nicht anders sei unser Lebensskript,d.h., wir müssten uns nur gemäss den Vorschriften des Konflikts verhalten, und schon sei alles gut! Das ist es auch, aber eben <u>nur für den Konflikt</u>,der von unserer Lebenskraft lebt, uns dabei schwächt, selbst immer mächtiger und einflussreicher wird und ganz nebenbei dafür sorgt, dass wir den eigentlichen Zweck unseres Lebens immer mehr aus den Augen verlieren.

Wenn wir also einen Weg aus der Sucht für unsere Patienten finden wollen, müssen wir uns zunächst mit den Konfliktprogrammen auseinandersetzen: Nur wenn wir unseren »Gegner im Ring« kennen, können wir seine Schläge parieren und schlussendlich als Sieger vom Platz gehen.

Wo sitzt also Sucht im Körper?

In der PSE gibt es zwei Areale, die besonders prädestiniert sind für Suchtthemen:
der **Oberbauch** und das **Gehirn** – sowohl **Grosshirn als auch Hirnanhangsdrüse.**

Warum ist das so?
Der **Oberbauch** hat mit der Verdauung zu tun, der körperlichen über Magen, Galle, Leber und Darm; er hat aber auch mit der seelischen Seite der Verdauung zu tun, damit, dass es uns gelingt, die Brocken, die das Leben uns hinwirft, aufzunehmen, zu kauen und den Rest auszuscheiden, damit auch wieder loszulassen und nicht ewig daran wiederzukäuen.

Verdauen von Schocks oder Traumen im Leben heisst also: hineinnehmen in unser Innenleben, davon verarbeiten, was es braucht und den Rest loslassen, vergeben, umwandeln, transformieren, die gute Essenz daraus ziehen.

Ein Mensch, der das nicht kann und auch nicht lernt, ist hoch gefährdet, süchtig zu werden.
Entweder sucht er dann nach jemandem, dem er die Schuld an seinem Elend vor die Füsse werfen kann, oder aber er unterdrückt sein eigenes »Feuer der Leber« – seine angeborene Dynamik. Er will dann nichts mehr, nicht mehr wachsen, nicht mehr expandieren, er zieht sich in sich selbst zurück und erstarrt, allerdings um den Preis, dass die »lebergebundene« Energie nicht im Nichts verschwindet, sondern sich gegen ihn wendet, in Form von Sucht, Depression und Frustration.

Nicht ganz zufällig ist der Oberbauch ja auch der Sitz des Nabels, der Erinnerung an die Nabelschnur, die uns dereinst im Mutterleib so trefflich genährt und versorgt hat.

Es geht im Oberbauch um Nahrung, ums Gefüttert- und Umsorgtwerden, um Zuwendung, Gutes, das einem zuteil wird, um das Prinzip von Mütterlichkeit und Umsorgung. Ein Süchtiger ist der (irrigen) Meinung, irgend jemand im »Aussen« sei dafür zuständig, während es eigentlich darum geht, dass jeder für sich erkennt, dass er selbst dafür verantwortlich ist, womit und wann er sich selbst füttert (sowohl körperlich als auch seelisch).

Was ist nun gute Nahrung für Körper und Seele? Auf diese Frage gibt es sicherlich so viele Antworten, wie es Menschen gibt, darum will ich hier keine vorgefertigten Antworten liefern. Aber eines sei gesagt: Gute Nahrung tut wohl und schädigt nicht – weder uns selbst noch andere. Und es fühlt sich vor, bei und auch nach der Aufnahme der Nahrung gut und stimmig an. Wenn uns eine körperliche wie eine seelische Nahrung hungrig und nicht zufrieden, also unbefriedigt, zurücklässt, dann war es die falsche Nahrung.

Dem Oberbauch sind als Konfliktthemen zugeordnet: Das Gefühl, allein zu sein, keiner hört mich weinen. Die Wut, die man unterdrücken muss – ich will, aber man lässt mich nicht! Die Lust auf immer mehr – nichts kann die Lücke füllen, nie ist es genug. Das Gefühl von Hunger, das Sehnen, das nie erfüllt wird.

Es ist sicherlich kein Zufall, dass ich schon viele Patienten hatte, die nach einer PSE-Therapie ihrer Oberbauchthemen schliesslich an Gewicht verloren haben oder mit dem Rauchen aufhören konnten. Oder die es dann geschafft haben, sich aus ausbeuterischen Beziehungen zu lösen oder ihre Arbeitsstelle zu wechseln und sich nicht mehr mobben liessen. Selbst Alkoholkranke schaffen es mit der PSE, den Alkohol aus ihrem Leben zu streichen und statt dessen anders und besser für sich zu sorgen.

Im *Gehirn* geht es um eine andere Qualität – unser Grosshirn ist der Sitz all unserer Erinnerungen. Das Gehirn beherbergt das Zellgedächtnis, das Schmerzgedächtnis, es reichert alle Eindrücke mit den für uns dazugehörenden Emotionen an und lagert sie dann ab – entweder als schön und wiederholenswert, oder aber als unschön und zu meiden! Dabei spielt es für unser persönliches Erinnern keine Rolle, wie die damalige Situation »wirklich« war, für uns selbst und unser Gehirn ist es ausschliesslich von Bedeutung, welche Gefühle für uns dabei präsent sind.

Dies bedeutet, dass unser Gehirn wertet und bewertet, und zwar immer ganz eigen, unabhängig von dem, was andere fühlen oder meinen.

Und so kann es kommen, dass wir objektiv vielleicht eine behütete Kindheit erleben durften, diese jedoch als Horror abgespeichert haben in unserem Gedächtnis.

Oder aber wir mussten eine furchtbare Kindheit durchleiden, haben unser Gehirn aber angewiesen, uns ganz woanders hinzuschicken in unserer Phantasie, so dass uns die böse Wirklichkeit nicht erreichen kann und wir statt dessen in unserer Traumwelt wunderbar leben können.

Die Psychologie nennt dieses Phänomen »Dissoziation«, das heisst das Abspalten von Erlebtem, weil es so unerträglich war. Auch bei Suchtproblemen treffe ich häufiger auf Konfliktthemen im Bereich des Grosshirns:

Das Gefühl, nichts und niemandem vertrauen zu können und am besten an nichts zu glauben.
Das Gefühl, das eigene Leben sei immer mühsam und ein Kampf.
Die Realität am liebsten nicht sehen zu wollen und am liebsten zu fliehen.
Das Gefühl, nur eine feste Überzeugung könne dem Leben Halt geben.
Alle diese Konfliktthemen haben gemeinsam, dass es den davon Betroffenen an Vertrauen fehlt, dem Vertrauen zu ihrem Schutzengel, einer höheren Weisheit und schliesslich auch dem Vertrauen ins Leben selbst.

Meist geht damit auch einher, dass die Betroffenen unter einem grossen Mangel an Selbstvertrauen leiden, was sie jedoch oft überspielen oder mittels ihrer erheblichen Intelligenz und ihres Einfallsreichtums kompensieren. Sie sind dann auch oft davon überzeugt, sie wüssten, was richtig ist – so lange, bis ihre Welt in Scherben liegt und selbst sie nicht mehr leugnen können, dass es wohl doch nicht so ist.

So überrascht es auch nicht, dass ich diese Themen eher bei Patienten antreffe, die unter Spielsucht, Drogensucht, Arbeitssucht oder Sexsucht leiden, oft gepaart mit einem erheblichen Mangel an Selbstwertgefühl und Begleiterkrankungen wie Anorexie, Bulimie oder Münchhausensyndrom – dem Ritzen, Schneiden oder sich sonstwie schädigen, nur, damit man sich einmal spürt – und sei es im Schmerz!

Hier führt der Weg heraus aus der Sucht in eine andere Richtung: Bei den »Kopfgesteuerten« geht es nicht so vordringlich um die richtige Nahrung für Körper und Seele, bei ihnen geht es vor allem um die Programme fürs Leben, um die Idee und den Plan, der den Ausführungen vorangeht. Ähnlich einem Computer, dessen Festplatte nicht mehr arbeitet, weil sich dort Viren und Würmer eingenistet haben, geht es auch bei diesen Suchtkranken darum, ein neues »Virenschutzprogramm« auf die »Festplatte« zu laden, damit der »Rechner« sich seinen eigentlichen Aufgaben widmen kann und den Menschen sicher steuert.

Dazu muss der Mensch sich oft genug von Vorstellungen verabschieden, die er über lange Zeit in seinem Leben gehätschelt hat. Sehr häufig geht es dabei um Sätze, die beginnen mit »Man muss« »Man sollte nicht« »Immer ist es so, dass« »Alle meinen, dass« »Nie darf ich«. Und es geht darum, diese Fehlprogrammierungen zu ersetzen durch Vertrauen in die eigenen Fähigkeiten oder ins Leben. Auch geht es darum, einen Sinn für sich im Leben zu entdecken, sich selbst erst einmal wertzuschätzen, sich selbst nicht nur als defizitäres Wesen wahrzunehmen, sich auch einmal auf das zu besinnen, was man kann und an sich mag – das alles sind für Suchtkranke schon Riesenschritte, die sie aber in eine neue Selbstorganisation bringen und es ihnen ermöglichen, Schritt für Schritt ein neues Selbstwertgefühl zu entwickeln und damit die Sucht entbehrlich zu machen.

Es geht also darum, Tag für Tag zu fragen:
Was kann ich gut?
Was sind meine positiven Seiten?
Was macht gerade mich so liebenswert?
Was kann ich der Welt und anderen Menschen geben?
Wie kann ich meine Phantasie und Kreativität zum Ausdruck bringen?

Die dritte Gruppe von Suchtgefährdeten hat die grossen Blockaden im Bereich der *Hirnanhangsdrüse*, dem

Organ, das für unsere gesamte hormonelle Steuerung zuständig ist. Die Hypophyse, wie sie im medizinischen Fachjargon auch heisst, bildet eine Reihe an Steuerungshormonen für andere hormonaktive Drüsen. So stellt sie das Hormon her, das die Schilddrüse zum vermehrten Arbeiten anregt (TSH= Thyreoidea Stimulierendes Hormon), sie bildet aber auch das ADH (Anti-Diuretisches Hormon), das in der Niere benötigt wird, um den Urin zu konzentrieren.

Bei den Menschen dieser Gruppe geht es psychologisch darum, das richtige Mass zu finden in allem, was man tut. Es geht also darum, sich einerseits nicht zu überfordern, aber auch nicht zu lasch zu sein.

Es geht um Balance, um Ausgleich, um Gleichgewicht – darum, immer wieder in die eigene innere Mitte zu finden und die Grenzen der eigenen Belastbarkeit zu finden, zu ihnen zu stehen und sie notfalls auch zu verteidigen.

Kritisch wird es für solche Menschen immer dann, wenn sie sich selbst unter Stress setzen – wenn sie in ihrer kämpferischen Grundhaltung mehr von sich fordern, als der Körper freiwillig leisten möchte. Damit ähneln sie den Narren, die eine Kerze an beiden Enden anzünden, weil das mehr Licht gibt, ohne dabei zu bedenken, dass dann die Kerze auch in der Hälfte der Zeit niedergebrannt ist.

Die Suchtgefahr resultiert bei ihnen daraus, dass sie den richtigen Umgang mit Stress nie gelernt haben. Sie wissen einfach nicht, ob sie in einer bestimmten Situation kämpfen, flüchten oder sich totstellen sollen – und oft genug machen sie genau das Falsche und bringen sich damit in noch grössere Schwierigkeiten.

Weil sie im Grunde ihres Herzens so kämpferisch sind, betrachten sie ihre Mitmenschen häufig eher als Konkurrenten oder Feinde, eher nicht als Verbündete oder Freunde. In der damit einhergehenden »Verteidigungshaltung« geht schon einmal eine Menge an Lebenskraft und Energie verloren.

Zugleich wollen sie sich aber keine Blösse geben, denn das würde ja bedeuten, dass sie nichts wert sind (und bei ihnen gibt es nur schwarz oder weiss, kaum Grautöne), und so kämpfen sie oft, wo sie flüchten sollten, oder sie fliehen, wo sie einfach standhalten sollten, oder sie stellen sich taub, blind oder tot, wo es eigentlich darum gehen müsste, etwas durchzuboxen.

Es fällt solchen Menschen extrem schwer, sich zu begrenzen. Sie wollen aber auch nicht anerkennen, dass man sich entscheiden muss. Am liebsten wollen sie sich immer alle Optionen offenhalten und auf ewig unbegrenzte Wahlmöglichkeiten haben.

Festbinden, weiter suchen, wäre dafür die Kurzformel. Nun hält jedoch jedes Leben eine Abfolge von Abschieden für uns bereit. Wir entwachsen der Kindheit, der Jugend, wir müssen mit dem Tod der Eltern fertigwerden, manchmal auch mit dem Tod von Freunden oder Kindern, wir werden unsere makellose jugendliche Haut loslassen müssen zugunsten von grauen Haaren, Glatze oder jeder Menge Falten und Runzeln, und ganz am Schluss müssen wir nicht nur all unser Hab und Gut hinter uns lassen, sondern sogar unseren Körper aufgeben. Jeder dieser Übergänge, ob Pubertät, Studium, Heirat, Geburt eines Kindes, Scheidung, Tod, Berentung oder Arbeitslosigkeit, kann einen Menschen mit sanguinischer Wesensart aus seinem Gleichgewicht bringen. Denn immer ist damit ja auch eine Einschränkung verknüpft, ein Wenigerwerden von Auswahlmöglichkeiten. Man muss sich bescheiden und begrenzen, und das ist für solche Menschen extrem kränkend. Wenn sie nicht vor sich und anderen so tun können, als könnten sie ständig aus dem vollen schöpfen und wären unendlich belastbar, dann bricht ihr inneres Kartenhaus komplett zusammen, und sie suchen (süchteln) hektisch und getrieben nach Lösungen. Sie sind anfällig für alle möglichen Suchtformen, es reizt sie grundsätzlich alles, was ihre Grenzen zu sprengen verspricht. Überall suchen sie nach der grossen Chance, nach dem grossen Glück, nach dem ganz besonderen Moment, der alle bisher erlebten Momente in den Schatten stellen kann – das Absolute, das keiner vor ihnen erlebt hat und auch keiner nach ihnen je wieder erleben wird. So sind sie von allem verführbar, was vorgibt, »MEGA« »SUPER« oder »AUSSERORDENTLICH« zu sein. Sie sind auch anfällig für alle Formen von Schmeichelei von aussen. Wer sie lobt oder in den Himmel hebt, ist ihr Freund, wer sich kritisch ihnen gegenüber äussert, ist ihr Feind. Dabei übersehen sie oft, dass gerade die guten Freunde eine Gefahr eher sehen und einen auch davor warnen wollen und eben grade nicht applaudieren, wenn man droht, sich in Abgründe zu begeben. Nur falsche Freunde reden einem immer nach dem Mund.

Der Weg heraus aus der Sucht kann für diese Menschen sein, wenn sie erkennen, dass sie mit ihren Energien haushalten müssen, dass sie nicht »auf allen Hochzeiten tanzen können«.
Dazu gehört auch, dass sie sich schon vor einer Aktion darüber im klaren werden, ob sie willens und in der Lage sind, diese auch bis zum Ende durchzuhalten. Denn die Belohnung für unsere Mühen bekommen wir oft erst am Ende, wenn ein Projekt abgeschlossen ist, dann fliesst die Energie zu uns zurück.
Das heisst konkret:

Immer nur ein Buch zur Zeit lesen.
Haushaltsbuch führen, damit die Ausgaben und die Einnahmen in Balance bleiben.

Zeit einteilen!
Pünktlich sein, Zeitpuffer für Unvorhergesehenes einplanen!
Ordnung halten, im Kleiderschrank ebenso wie am Arbeitsplatz!
Entrümpeln, vereinfachen, entstressen, Beschränkung auf Wichtiges!
Ruhephasen, freie Zeiten in den Terminkalender!
Bewusst verzichten, fasten!
Lieber ein Hobby intensiv als fünf Hobbys oberflächlich.
Unwichtiges in den Papierkorb, weniger ist mehr!
Zusagen einhalten, keine Ausflüchte!
Zu sich und anderen ehrlich sein!

Mit der PSE habe ich nicht nur die Chance, die »Gefängniskugeln« energetischer Art endgültig loszuwerden, ich habe zudem die Möglichkeit, von meiner Seele zu erfahren, wo sie mich denn hinhaben möchte.
Was habe ich bisher nicht wahrnehmen können?
Was lag im Dunkeln?
Welchen Schatz kann ich nun für mich beanspruchen?

Es geht oft um ziemlich einfache Dinge, die aber eine grosse Bedeutung für die körperliche und seelische Gesundheit haben.
So lautet eine der Botschaften der Seele im Becken- und Beinbereich:»Ich lerne meine Fähigkeiten erkennen und nehme sie gerne an.«
Für das untere Kreuz gibt es den Satz:»Ich lerne, dass ich in mir sicher und geborgen bin.«
So können wir nach und nach die positiven Botschaften verinnerlichen und diese dann auch in unserem Alltag leben, jeden Tag ein kleines Stückchen mehr.

Denn mit jedem innerseelischen Konflikt, den wir mit Hilfe der PSE auflösen helfen, wächst uns mehr Lebenskraft und Freude zu. Diese zusätzliche Energie können wir dann nutzen, um unsere heutigen und zukünftigen Ziele besser zu erreichen.

Wenn der Körper mehr Energie hat, kann er auch Symptome wie Schmerzen oder Suchttendenzen besser heilen und sich selbst besser regulieren. Damit ist die PSE weit mehr als nur eine elegante Methode der Symptombekämpfung, sie ist ebenso vorbeugend sinnvoll, denn wir verbünden uns mit unserem inneren Arzt. Der weiss bekanntlich am besten, was gut für uns ist.

Menschen auf diesem Weg begleiten zu dürfen ist überaus spannend und lehrt einen Demut, aber auch viel Freude. So möchte ich zum Schluss erwähnen, dass einer meiner ehemaligen Patienten mittlerweile drogenfrei und glücklicher Vater einer Tochter ist; ein anderer sagte kürzlich: »Wie gut, dass ich die PSE kennengelernt habe, ohne sie hätte ich mich wirklich nur noch umbringen können.« Dem ist nichts mehr hinzuzufügen.

Glossar wichtiger medizinischer Fachbegriffe

Adrenalin: Hormon der Nebenniere, für Stress zuständig
Alien: Bewohner anderer Planeten als der Erde, Fremdling
Amok: Raserei, zerstörerisches Verhalten, das sich und andere umbringt
Anamnese: Befragung zur Vorgeschichte eines Patienten
Anorexie: Fehlen von Appetit, Nahrungsverweigerung; Folge: Untergewicht
Antidepressiva: Medikamente zur Behandlung von Depressionen
Apathie: Mangel an Antrieb, Lebenslust und Bewegungsimpulsen
Autoaggression: Gewalt gegen sich selbst

BBC: British Broadcasting Corporation – britischer Fernsehsender
Bulimie: Ess-Brech-Sucht, das Vertilgen enormer Nahrungsmengen mit anschliessendem Erbrechen derselben

Chatroom: Private »Räume« im Internet, wo E-Mails direkt ausgetauscht werden können
Chloralhydrat: Chemischer Wirkstoff in Einschlafmitteln
Choleriker: Mensch, dem ab und an die Galle überläuft; einer der vier Charaktertypen der PSE – zeigt sich oft als besonders anpassungswillig und friedfertig

Delir: Zustand der Bewusstseinstrübung bei Alkoholentzug, oft tödlich
Destruktion: Zerstörung
Dissoziation: Zerfall der geistigen Einheit, Abspaltung bestimmter Erlebnisse, damit sie nicht mehr gespürt werden müssen; führt gelegentlich zu gespaltenen Persönlichkeiten
Download: Das »Herunterladen« bestimmter Inhalte aus dem Internet

Energiebehandlung: Therapie mit Energien, zum Zweck, Energien wieder zum Fliessen zu bringen und Blockaden aufzulösen
Eremit: Einsiedler
Ethik: Die Lehre über das, was anständig ist und sich gehört

frustran: vergeblich, unergiebig

Genetik: Vererbungslehre, das, was in unseren Zellprogrammen an Gutem oder weniger Gutem gespeichert ist

Hypnose: Zustand veränderter Wachheit, erlaubt oft den Zugang zu unbewussten Inhalten

Kodein: Hustenreizdämpfender Wirkstoff
Koma: Tiefe Bewusstlosigkeit, in der nicht mehr auf Aussenreize reagiert wird
Kompensation: Ausgleichsverhalten (eine Hand wäscht die andere)
Kontemplation: Tiefe gedankliche Versenkung in ein Thema oder einen Satz

Leberenzyme: Blutbefund, der Aufschluss über die Funktionsfähigkeit der Leber gibt
low-dose dependency: Abhängigkeit von kleinen Mengen eines Suchtstoffes

Mainstream: Die übliche gesellschaftliche Strömung, das, was quasi alle tun
manipulativ: Versuch, das Verhalten anderer zu den eigenen Gunsten zu verändern, ohne den freien Willen des Einzelnen zu achten
maskuline Fettverteilung: Fettpolster vor allem am Bauch, weniger an Oberschenkeln oder Becken

Meditation: Technik des gedanklichen »Leerwerdens«, bewusstes weniger werden des Gedankenstroms
Melancholiker: Der ernsthafte Mensch, der »mit der schwarzen Galle«, einer der vier Charaktertypen
mesolimbisches System: Gebiet im Gehirn, in dem vor allem Gefühle verarbeitet und gespeichert werden
Mobbing: Ausgrenzung, Hetze und seelische Kränkungen im beruflichen Umfeld
Münchhausensyndrom: Das vorsätzliche Herbeiführen von Verletzungen oder Symptomen in der Absicht, damit Aufmerksamkeit und Behandlung zu erlangen

Opiat: Rauschgift aus der Mohnpflanze

Pankreatitis: Entzündung der Bauchspeicheldrüse
Paralyse: Lähmung, kann Arme, Beine oder die Atemmuskulatur betreffen
Pathologie: Die Lehre von den Krankheitserscheinungen
Prävention: Vorbeugung, Korrektur der Körperregulation (und des Lebensstils), bevor Krankheiten aufgetreten sind
PSE: Psychosomatische Energetik, eine Diagnose- und Therapiemethode, die nicht nur Körper und Seele beachtet, sondern auch die Lebensenergie
Pumpgun: Gewehr, dessen Schüsse durch pumpende Bewegungen ausgelöst werden

Reiki: Eine Methode der Energieübertragung von Mensch zu Mensch
Resonanz: Das »Mitschwingen« mit anderen, ursprünglich aus der Musik übernommen
Ressource: Rohstoffe oder Fähigkeiten, mit deren Hilfe etwas Neues entstehen kann
Rohypnol: Chemisches Schlafmittel mit langer Wirkdauer, wird auch als Mix mit anderen Suchtstoffen eingesetzt

Shiatsu: Eine Therapiemethode, bei der über Haltungsübungen und Muskelkraft Energien neu verteilt werden sollen

Sozialisation: Aufwachsen in einer Umwelt, mit den Prägungen, die daraus entstehen

Technokraten: Menschen, für die nur Mess- und Wägbares zählt, deren Verständnis für Technik oft grossartig ist, wobei aber das Verständnis für Menschen oftmals auf der Strecke bleibt

vegetativ: Autonom und ohne Willenskraft automatisch ablaufende Vorgänge im Körper, z.b. Atmung, Verdauung, Schlaf, Hauttemperatur

Verhaltenstraining: Eine Therapiemethode, die darauf abzielt, bestimmte unliebsame Verhaltensweisen »abzutrainieren« und sie durch erwünschte zu ersetzen

Buchempfehlungen

Banis, Reimar
Durch Energieheilung zu neuem Leben, Via Nova
Spirituelle Energiemedizin, Via Nova
Banis, Ulrike
Erdstrahlen & Co, Haug Verlag
Er will immer, sie fast nie, Pro Business
Praxis der Psychosomatischen Energetik, Comed
Natürlich mehr Energie, Haug Verlag
Bauer, Joachim
Warum ich fühle, was du fühlst, Piper Verlag
Das Gedächtnis des Körpers, Heyne Verlag
Prinzip Menschlichkeit, Heyne Verlag
Lipton, Bruce
Intelligente Zellen, Koha Verlag
Riemann, Fritz
Grundformen der Angst, Reinhardt Verlag
Weber, Andreas
Alles fühlt, BT Verlag